SOS
CATEQUESE

LUÍS M. BENAVIDES

SOS CATEQUESE
Em busca de novos rumos

DIREÇÃO EDITORIAL:
Pe. Marcelo C. Araújo

EDITOR:
Avelino Grassi

COORDENAÇÃO EDITORIAL:
Ana Lúcia de Castro Leite

TRADUÇÃO:
Pe. José Augusto da Silva

COPIDESQUE:
Leila Cristina Dinis Fernandes

REVISÃO:
Ana Lúcia de Castro Leite

DIAGRAMAÇÃO:
Simone Godoy

CAPA:
Mauricio Pereira

Dados Internacionais de Catalogação na Publicação (CIP)
(Câmara Brasileira do Livro, SP, Brasil)

Benavides, Luis M.
S.O.S. catequese: em busca de novos rumos / Luis M. Benavides; [tradução José Augusto Silva]. – Aparecida, SP: Editora Santuário, 2013.

Título original: S.O.S catequesis: hacia nuevos rumbos en la catequesis.

ISBN 978-85-369-0292-0

1. Catequese – Igreja Católica 2. Educação religiosa 3. Evangelização 4. Igreja Católica – Doutrinas I. Título.

13-02732   CDD-268.82

Índices para catálogo sistemático:

1. Catequese: Igreja Católica: Cristianismo
268.82

Todos os direitos reservados à **EDITORA SANTUÁRIO** — 2013

Composição, CTcP, impressão e acabamento:
EDITORA SANTUÁRIO - Rua Padre Claro Monteiro, 342
12570-000 — Aparecida-SP — Fone: (12) 3104-2000

Para todos os meus companheiros e amigos catequistas,
com quem partilhei e continuo partilhando
a paixão pela Catequese.

AGRADECIMENTOS

A meus companheiros do Instituto Superior de Catequese da Argentina (ISCA), da Associação Espanhola de Catequistas (AECA) e da Equipe Europeia de Catequistas (EEC) pelas contribuições para a reflexão catequética; a Gustavo Chimento por sugerir-me o título desta obra; e a Dom Juventino Kestering pela grande amabilidade e disponibilidade pastoral em escrever o prólogo.

Sumário

Prólogo 13
Introdução 15
TEMPOS DE PIONEIROS 20
A CRISE DA CRISTANDADE 23
UM NOVO PARADIGMA NA CATEQUESE DO SÉCULO XXI 28
    Limites e alcances da catequese 32
    Algumas atitudes diante da mudança de paradigma 37
CATEQUESE DO CAMINHO, CATEQUESE NOS CAMINHOS 42
UM NOVO PERFIL DO CATEQUISTA 47
    Catequistas missionários: discípulos nos caminhos 47

1. Na Busca de Novos Rumos
para a Catequese 57
PARA UMA CATEQUESE DA PROPOSTA 59
    Para uma catequese de apropriação pessoal 64
    Para uma catequese da experiência ou experimentação ... 67
    Para uma catequese significativa 71
PARA UMA CATEQUESE DA PROXIMIDADE E VIZINHANÇA 74
    A pedagogia da recepção ou acolhida 77

*Para uma catequese que recupere
o valor da afetividade*.................... 80
Para uma catequese que valorize os vínculos pessoais...... 82
PARA UMA NOVA CONCEPÇÃO DO GRUPO CATEQUÍSTICO............ 85
Para uma catequese com propostas diversificadas........... 87
Para uma catequese de várias gerações..................... 90
Para uma catequese como itinerário permanente............ 94
PARA UMA CATEQUESE QUE DESCUBRA NOVOS TEMPOS
E LUGARES ADAPTADOS AO HOMEM DE HOJE....................... 97
*Para uma catequese que assuma a pastoral urbana
como forma de encarnar-se nas grandes cidades*........ 98
Para uma catequese imersa na era digital.................. 102
*Para uma catequese que integre e valorize
a religiosidade popular*................................ 108
PARA UMA CATEQUESE COM INTENSA E PROFUNDA VIDA CRISTÃ...... 111
*Para uma catequese que expresse e viva a centralidade
da Palavra de Deus*..................................... 112
*Para uma catequese como lugar, escola e caminho
de oração*.. 115
*Para uma catequese que viva a Liturgia como caminho
de Iniciação Cristã*.................................... 118
*Para uma catequese que recupere modelos de vida que
valem a pena ser vividos*............................... 122
*Para uma catequese que revele
o rosto materno da Igreja*.............................. 125
PARA UMA CATEQUESE QUE TORNE POSSÍVEL UM MUNDO
MELHOR E CADA DIA MAIS HUMANO.............................. 127

*Para uma catequese que trabalhe pela paz,
   equidade, justiça e forme na solidariedade* 128
Para uma catequese inclusiva 130
Para uma catequese aberta e plural 133
*Para uma catequese que nos faça corresponsáveis
   da criação* 136

2. Jesus Cristo no Centro e Coração da Catequese 141
PARA UMA CATEQUESE CENTRADA NO ESSENCIAL,
   NO NÚCLEO DA BOA NOVA DO EVANGELHO 143

3. Catequese Missionária: Discípulos nos Caminhos 147
CATEQUESE E INICIAÇÃO CRISTÃ 147
A PEDAGOGIA DA INICIAÇÃO 152
PARA UMA CATEQUESE DE ESTILO CATECUMENAL 153
PARA UMA CATEQUESE QUE PRIVILEGIE O DISCIPULADO 157

4. Para uma catequese em, de, a partir da e para a comunhão 161
PARA UMA CATEQUESE QUE VIVA EM ESPÍRITO
   DE COMUNHÃO E PARTICIPAÇÃO 167

5. Um novo e necessário paradigma pastoral 175
PARA UM NOVO PARADIGMA PASTORAL 175
O APOIO, A CONTENÇÃO E O SUSTENTO DOS CATEQUISTAS 179
A FORMAÇÃO PARA O NOVO PARADIGMA 183

Conclusão 187
Bibliografia 189

Prólogo

"A iniciação à vida cristã implica um longo processo vital de introdução dos cristãos ainda não plenamente iniciados, seja qual for sua idade, nos diversos aspectos essenciais da fé cristã" (DNC 38). Esta frase sintetiza o projeto de uma nova visão de catequese como um caminho de iniciação cristã, independentemente de idade. Neste sentido tenho em mãos o livro de Luiz M. Benavides, *S.O.S. Catequese! Em busca de novos rumos*.

A Conferência de Aparecida, os pronunciamentos do Santo Padre Bento XVI, a atenção que cada Conferência Episcopal dedica à catequese e a realidade atual das famílias e das comunidades eclesiais apontam desafios e caminhos para a educação da fé como uma iniciação à vida cristã.

O autor recolhe os desafios dos tempos atuais e percebe que se faz necessário um novo rumo ou novos paradigmas para a catequese. A sociedade mudou, os métodos pedagógicos avançaram, a pedagogia da educação avançou criando uma mudança de época. Essa realidade inspira a catequese que precisa acompanhar essas mudanças. O próprio autor afirma "A catequese deve motivar as pessoas a descobrir a fé cristã como um caminho que conduz a uma identidade, configurando a vida e ajudando a encontrar um fundamento sólido como referência no meio da complexidade e fragilidade dos tempos atuais" (p. 72).

A verdade da fé permanece, mas o modo de evangelizar, de aproximar-se das pessoas, de anunciar a Boa-Nova de Jesus Cristo precisa acompanhar os tempos. E nisto o autor tem uma importante inspiração. Sem dúvida esta publicação vai contribuir com a formação de catequistas e o aprofundamento do entendimento de catequese.

O autor tem a capacidade de recolher o núcleo central das últimas publicações referentes à catequese e, numa linguagem simples, em capítulos curtos, envolver o leitor na busca de mais conhecimento e prática de uma catequese para a iniciação cristã.

Faço votos que este livro, agora publicado em português, ajude os formadores de catequistas bem como todos os que têm desejo de aprofundar o caminho da iniciação cristã. Que impulsione a reflexão sobre a opção de fé, a inserção na comunidade e a encontrar indicações para os novos rumos da catequese nos tempos atuais.

Dom Juventino Kestering
Bispo de Rondonópolis
Membro da Comissão Episcopal Bíblico Catequética da CNBB
Responsável pela Catequese do CELAM

Introdução

Faz uns anos que muitos de nós estamos refletindo e compartilhando nossas dúvidas, nossos temores, nossas esperanças diante das mudanças profundas que estão acontecendo em nossa sociedade. Mudanças em níveis profundos e inesperados. Estamos assistindo a uma mudança de época, não só a uma época de mudanças.

Entre essas mudanças profundas, há algumas que nos afetam mais como catequistas. Existe uma crise generalizada na transmissão de valores e entre eles uma crise generalizada na transmissão da fé. A catequese, dentro dessa grande mudança de época, está em crise, está transbordada, está desabrochada.

Escutam-se os catequistas aqui e ali expressar seu desconforto por toda novidade que está acontecendo na catequese, nos grupos, pela desorientação que se está vivendo nas paróquias e comunidades. Parece que tudo que se vem fazendo não dá os resultados esperados, não produz respostas em nossos interlocutores.

A sensação geral é de desorientação. Crianças que chegam à catequese sem a mínima noção religiosa. Os pais não sabem o que fazer com a fé de seus filhos. Os adultos não atinam na compreensão da nova cultura infanto-juvenil emergente. As novas tecnologias nos superam por sua velocidade e onipresença. Os programas e os textos de catequese parecem inadequados. Custa conseguir catequistas, e os que estão atuando se encontram desconcertados. A catequese se encontra em situação de "emergência".

Por isso o título deste livro **S.O.S. CATEQUESE!** em dois sentidos ou direções:

S.O.S. CATEQUESE! Salvemos a Catequese! Porque a catequese está em crise. A pós-modernidade trouxe com ela a queda da cristandade como modelo sociológico dominante em nossa sociedade. A catequese, por consequência – como sistema de transmissão e manutenção –, encontra-se ultrapassada, estourada.

S.O.S. CATEQUESE! Catequese, salve-nos! Porque estou convencido de que a própria catequese é que pode dar pistas seguras para sair da crise para toda a Igreja, já que a crise está na transmissão, e essa é precisamente a especialidade da catequese. A catequese pode transformar-se em geradora de sentido, em motor de ideias e realizações para toda a atividade pastoral, como em seu tempo foram os estudos bíblicos ou a Liturgia. Hoje, a catequese pode e tem de oferecer uma clara contribuição de sentido para toda a Igreja.

É preciso buscar novos rumos para a catequese. E como costumava afirmar o Padre Frans de Vos, é preciso *"pensar a catequese"*, sobretudo, em tempos de mudanças, em tempos de crise. Estamos assistindo aos últimos estertores de um sistema de transmissão que está agonizando, que perdurou durante vários séculos e agora está a ponto de desaparecer. Não sabemos com exatidão o que se está gestando; mas temos a certeza de que algo chegou a seu fim, de que alguma coisa não vai mais. Quando um problema se apresenta como insolúvel dentro de um sistema, tem de ser mudado o sistema. Não podemos contentar-nos com modificações superficiais. É preciso repensar os objetivos e métodos da catequese, reorganizando-a a partir de suas próprias raízes.

Nessa direção se orienta este trabalho. Minha intenção é esboçar pistas, ideias, orientações por onde se poderiam ir perfilando estes novos rumos. Por isso quero que fique claro desde o princípio que estas reflexões são um ensaio. Isto é, não têm nenhuma intenção normativa nem prescritiva, nem muito menos condenatória do que se vem fazendo. Muito pelo contrário, são ideias, contribuições, esboços de itinerários possíveis para repensar nossa prática catequética.

Evidentemente, estamos diante de uma mudança de época e ninguém tem certeza sobre o rumo a tomar. Os tempos que estamos vivendo são tempos de busca, de interrogações, de poucas certezas; daí por que os pressupostos que tínhamos em nossa atividade pastoral e catequética necessitam de revisão.

Pareceu-me oportuno, para esta busca, ter como bússola alguns documentos centrais para a reflexão catequética destes tempos: o Diretório Geral para a Catequese (1997) e o Documento de Aparecida, bússolas preclaras nestes tempos de incerteza. Mesmo assim, incluí para esta edição em português referências a alguns textos centrais da Catequese no Brasil: os documentos da CNBB: Catequese Renovada (1983) e o Diretório Nacional de Catequese (2005) e as reflexões da III Semana Brasileira de Catequese, Itaici (SP), 7 de outubro de 2009.

Um esclarecimento importante. Muitas das reflexões que aqui expresso não são de minha autoria exclusiva. São frutos que venho compartilhando com muitos companheiros de caminhada no Instituto Superior de Catequese da Argentina (ISCA) e da Casa do Catequista de Buenos Aires. Uma fonte muito importante, de onde tiro grande parte de minhas reflexões, tem sua origem nas XXV Jornadas da Associação Espanhola de Catequistas (AECA), realizadas em Madri, em dezembro de 2006, em que tive a bênção de participar, graças à importante ajuda do Cardeal Bergoglio, no Congresso da Equipe Europeia de Catequese em Lisboa de 2008, e nas IV Jornadas Nacionais de Catequética, realizadas em agosto de 2008. O que procurei fazer é uma síntese própria, organizando o material da maneira que me pareceu mais didática, intercalando minhas próprias contribuições e ideias a respeito dos novos paradigmas na catequese.

Minha ideia é abrir pistas para a reflexão e debate no interior das comunidades, dos grupos de catequistas e agentes de pastoral. Talvez muitas afirmações soem "fortes" ou exageradas, mas minha intenção não é polemizar com ninguém nem escandalizar. Simplesmente, com finalidade didática e de que tomemos consciência, algumas questões estão apresentadas com mais ênfase que outras. A partir deste exercício de pensar o novo que se está gestando, também quero expressar meu amor à Igreja e minha paixão pela catequese. Embora isso não impeça que muitos estejam em desacordo com o que aqui apresento – e ainda bem que seja assim. Serão nossos pastores, os bispos em comunhão com o Santo Padre, iluminados pelo Espírito Santo, que terão a responsabilidade de definir os novos rumos.

Obviamente a realidade catequística é muito mais rica e edificante. Seguramente, muitas experiências estão sendo levadas a cabo com muita paixão, dedicação, seriedade, e configuram autênticos frutos da ação do Espírito... Não pretendo fazer um juízo de valor sobre o que se vem fazendo e muito bem! Simplesmente espero que estas reflexões nos ajudem a abrir mais nossas mentes, a dispor nossos corações para a busca, a estar atentos aos sinais dos tempos que o Senhor nos quer mostrar...

Que Maria, nossa querida Mãe e primeira catequista, guie-nos na busca de novos rumos para anunciar seu filho, Jesus, ao mundo de hoje, como o fez desde o começo da Igreja...

Tempos de pioneiros

"Escrevo-lhes consciente das enormes dificuldades que apresenta a tarefa de vocês. A transmissão da fé nunca foi trabalho simples, mas nestes tempos de mudanças de época o desafio é ainda maior... A todos nos toca 'recomeçar desde Cristo', reconhecendo que não se começa a ser cristão por uma decisão ética ou uma grande ideia, mas pelo encontro com um acontecimento, com uma Pessoa, que dá um novo horizonte à vida e, com isso, uma orientação decisiva..."

Hoje, ao dar-te graças por toda a tua entrega, querido catequista, animo-me uma vez mais a pedir-te: sai, deixa a caverna, abre as portas, anima-te a transitar por caminhos novos. A fidelidade não é repetição... Não deixes de pedir ao Senhor a criatividade e ousadia para atravessar muralhas e esquemas que possibilitem, como naquela façanha de Paulo e Barnabé, a alegria de muitos irmãos..." (cf. At 15,3).

Cardeal Jorge Bergoglio, SJ
Carta aos Catequistas

O pioneiro é quem se atira na perseguição de um sonho, de uma visão, de uma missão. O pioneiro não é um improvisado ou um adventício, muito pelo contrário, leva muito a sério seus conhecimentos e experiência prévios e se lança – com mais dúvidas do que certezas – na busca de um novo rumo, de uma nova maneira de fazer as coisas.

O estilo do pioneiro é aquele que, por sua experiência, intui por onde caminhar e se anima pelo desconhecido, pelo novo... É preciso contar mais com a intuição e com a vontade de seguir adiante do que com as seguranças conhecidas. Em tempos de estabilidade avança-se por simples projeção, isto é, faz-se mais do mesmo, melhor. Contudo, em tempos de crise, mudança e movimento, avança-se mais com percepção e intuição, procurando fazer algo novo e diferente do que se vinha fazendo.

Tarefa do pioneiro é reexplorar lugares velhos com novos olhos, reviver e repensar experiências passadas para recriá-las, e buscar uma nova saída ou rumo. No princípio, os pioneiros costumam ser criticados ou incompreendidos por seus pares (mais por temor da mudança do que por questões pessoais). Muitas vezes nem sequer são apoiados pelas estruturas e costumam percorrer seus primeiros caminhos sozinhos ou acompanhados por uns poucos companheiros de viagem que se sustêm e apoiam mutuamente, fiéis na busca do sonho comum.

Tal como assinala Gilles Routhier: "a mudança de costumes, de práticas e de sistemas de vida situa a evangelização nas portas de um novo Êxodo. Somos convidados a caminhar para um país amplamente desconhecido e, por isso, apaixonante". Decidir-nos a caminhar nessa direção e aventurar-nos a explorar este país desconhecido, com realismo e lucidez evangélica, exige uma atitude de fundo, segundo indicam os Bispos de Québec: "passar da mentalidade do conquistador para a postura do explorador".[1]

---

[1] IBAÑEZ, Pelayo González; MARTINEZ, Donaciano y CURSACH, José Luis Saborido. *Proponer la fe hoy*, p. 35.

Decididamente, a busca de novos rumos para a catequese vai ser tarefa de pioneiros. Vamos ter de deixar de lado velhos esquemas e formas de nos organizar; teremos de nos animar a examinar todas as nossas práticas catequéticas e analisar em profundidade quais devem ser mantidas e quais renovadas. Estamos vivendo tempos de precursores, tempos de audácia criativa no Espírito. Sabemos que contamos com a assistência do Espírito, que é quem realmente conduz a Igreja e, por isso, a catequese.

> "Não será possível haver evangelização sem a ação do Espírito Santo... A preparação mais apurada do evangelizador nada faz sem Ele... Sem Ele, a dialética mais convincente é impotente sobre o espírito dos homens... É Ele que, hoje como nos começos da Igreja, atua em cada evangelizador que se deixa possuir e conduzir por Ele, e põe nos lábios as palavras que por si só não poderia falar, predispondo também a alma de quem escuta para fazê-la aberta e acolhedora da Boa-Nova e do reino anunciado."
>
> *Evangelii Nuntiandi, 75*

A CRISE DA CRISTANDADE

"A crise pela qual atravessa hoje em dia a Igreja se deve em grande parte à repercussão na própria Igreja e na vida de seus membros de um conjunto de mudanças sociais e culturais, rápidas e profundas, e que têm uma dimensão mundial. Estamos mudando de mundo e de sociedade. Um mundo desaparece e outro está emergindo sem que exista algum modelo preestabelecido para sua construção..."

Conferência Episcopal Francesa
Propor a fé na sociedade atual (1.2)

Estamos assistindo aos últimos estertores de um sistema de transmissão que está agonizando, que perdurou durante vários séculos e agora está a ponto de fenecer. Não sabemos com exatidão o que se está gestando, mas temos a certeza de que algo chegou ao fim, de que algo não vai mais. Estamos falando da crise da cristandade, como sistema dominante na sociedade ocidental.

Nós nos achamos numa situação crítica, um contexto geral de mudanças profundas e de fraturas sociais, uma crise de transmissão generalizada, que apelam para nossa responsabilidade de crentes. Efetivamente se quebraram os canais tradicionais de transmissão da fé: a família, a escola, a sociedade. A crise na transmissão de valores – incluída a fé – é tão intensa e fenomenal que o que está mudando é o paradigma de transmissão. A cultura atual se manifesta como uma sequência prolongada de novos paradigmas, uma verdadeira mudança de época, uma crise que abarca os modos de pensar, de viver e de crer. Não se trata de uma época de mudanças, mas de uma mudança de época.

O catolicismo não é algo naturalmente herdado, e a cristandade como se entendia até agora está em crise. Passamos de uma "situação de cristandade", em que se "nascia" cristão, para uma "situação de missão", em que se é cristão "por opção". "A secularização foi se transformando, pouco a pouco, numa autêntica descristianização da sociedade, ao mesmo tempo em que ia surgindo por todas as partes uma diversidade de ofertas de sentido que fazem a nossa sociedade plural e laica."[2] Já não é possível contar com uma cultura adquirida ou uma pertença prévia para lograr uma continuidade da fé cristã de uma geração a outra. Antes, o que se requer hoje é voltar a descobrir o Cristo.

Durante o século passado, nos lugares onde o catolicismo se dava naturalmente por herança familiar e social, a Iniciação Cristã foi entendida como a preparação aos sacramentos de iniciação: Batismo, Comunhão e Confirmação, culminando com a entrega ou recepção dos mesmos. Esta concepção da Catequese de Iniciação se baseava na administração dos sacramentos como finalização da etapa de preparação. A catequese era entendida como ação pastoral prévia para um sacramento, em que os destinatários centrais eram

---

[2] Ibañez, Pelayo González; Martinez, Donaciano y Cursach, José Luis Saborido. *Proponer la fe hoy*, p. 9.

os meninos e os jovens. Numa sociedade sociologicamente marcada por uma forte presença cristã, a catequese podia "contentar-se" com ensinar e fazer aprender. O contexto familiar e social enquadrava os crentes e os fazia participar por impregnação na vida cristã. A fé se transmitia por imitação dos costumes familiares e sociais. O ato catequístico estava baseado, apoiado e completado por este húmus. A catequese era uma catequese de "manutenção".

Atualmente, em uma sociedade na qual o cristianismo se fez menos visível e quantitativamente minoritário, esta impregnação cultural já não existe de uma maneira tão acentuada. Hoje, não se nasce cristão, escolhe-se ser cristão, cativado pela proposta de outros que decidiram seguir a Cristo. A aventura da fé se transformou em algo proposto e aceito livremente pela adesão pessoal de cada um a Jesus Cristo e sua Igreja. O desafio consiste em viver coerentemente com essa opção de vida e apropriar-se paulatinamente dos valores evangélicos por Ele pregados. Toda a catequese deve preparar cristãos capazes de viver com seus irmãos, os homens, amando-os em nome de Jesus Cristo.[3]

Esta mudança de época não deve tomar-se unicamente num sentido negativo ou desesperançado de crise, mas como uma nova situação que pede para ser lida em chave de "sinal dos tempos". Estamos, pois, numa nova lógica, longe da suposição de uma sociedade inteiramente cristã na qual a fé possa seguir transmitindo-se por osmose sociológica. O que até então era suficiente manter, hoje deve ser querido

---

[3] Ver DERROITE, Henry. *15 Nuevos caminos para la Catequesis Hoy*, p. 249-250.

e sustentado. Mais que falar de transmissão, é imprescindível falar de iniciação. Vivemos uma nova situação sociocultural e religiosa que apresenta exigências novas para o anúncio do Evangelho. Paradoxalmente, esta situação nos obriga a valorizar mais a novidade da fé cristã.

Tal crise afeta de cheio as propostas da evangelização, exige um novo modelo de transmissão e provoca uma revisão a fundo da catequese. Com o desaparecimento dos modos de transmissão tradicionais, apresentam-se novas exigências aos processos da catequese organizada. A catequese do século XXI deve realizar-se em outro paradigma.[4]

Henry Derroitte[5] fala de seis causas ou motivos que estão potenciando essa crise: desaparecimento no Ocidente da religiosidade tradicional, situação multirreligiosa e multicultural, perda da plausibilidade da vida eclesial, impossibilidade de uma socialização num meio cristão, rechaço de tradições com caráter normativo constritivo, esforço de reflexão constante por parte do sujeito para construir uma identidade pessoal plena. Expressa claramente: "Nestas novas perspectivas do anúncio catequético e missionário, o que está posto em questão é a vitalidade, a pertinência e, definitivamente, a viabilidade da proposta cristã. Não é, pois, assunto de menor importância para os que cremos em Jesus Cristo".

---

[4] Ver Joel Molinaro. "La Catéchèse dans un monde en pleine mutation". Revista Catéchèse n 172 (2003) pp. 16-17.

[5] *15 Nuevos caminos para la Catequesis Hoy*. p. 6 e 7.

"Se buscarmos uma característica para o mundo de hoje, encontraremos palavras como confusão, perplexidade, impacto, transformação e incerteza, entre outras. Os especialistas no assunto usarão termos ainda mais complicados: pós-modernidade, modernidade tardia ou quebra de paradigmas etc. Podemos afirmar que não estamos vivendo apenas uma época... As mudanças de época atingem o julgar, pois se referem aos valores a partir dos quais a realidade, seja ela qual for, é assumida, avaliada e enfrentada. Toda a perplexidade que manifestamos diante das situações que hoje se apresentam a nós revela não apenas o desconhecimento das situações novas, mas também o fato de que não estamos mais seguros diante de critérios para captar, compreender e julgar o que se apresenta diante de nós. Quando, pois, a escala de valores se altera, estamos numa mudança de época. Suas consequências são amplas e atingem a totalidade de vida."[6]

---

[6] AMADO, Pe. Joel Portella. *III Semana Brasileira de Catequese*. Itaici (SP), 7 de outubro de 2009. Disponível em: <http://www.cnbb.org.gr>.

Um novo paradigma na catequese do século XXI

"Convocados a pensar a Catequese, percebemos que os novos paradigmas nos situam em uma encruzilhada que nos interpela e, por momentos, nos deixa sem respostas. Olhamos a história e descobrimos que sempre houve situações que provocaram tensões. Move-nos a convicção de que, entre tantas incertezas, este também é um Kairós, que nos chama a pregar Jesus morto e ressuscitado que caminha em nosso meio. Este é um tempo oportuno de Deus, que interpela a Catequese e a convoca a renovar-se e a conceber-se ela própria a partir de um novo paradigma..."

Documento de Abertura
IV Jornadas Nacionais de Catequética
Argentina, 2008

Esta realidade nova, que descrevíamos acima, reclama uma renovação profunda da catequese e põe em avaliação o "paradigma" catequístico que levamos a cabo nos últimos tempos. Com esta nova perspectiva, a catequese se encontra questionada e mudada pela raiz. Não podemos contentar-nos com uma herança, por muito rica que seja. Temos de acolher o dom de Deus em condições novas e reencontrar ao mesmo tempo o gesto inicial da evangelização: o da proposta simples e decidida do Evangelho de Cristo.

Não podemos contentar-nos com modificações superficiais. É preciso repensar os objetivos da catequese e reorganizá-la de fato. Quando um problema apresenta-se como insolúvel dentro de um sistema, é preciso mudar o sistema. Caberia perguntar-nos: a que "desaprendizagens" de conteúdos e de modos de fazer, a que reorientações metodológicas e espirituais a Igreja está chamada em sua ação catequética?

Para demarcar esse novo paradigma catequístico nos unimos às reflexões da Associação Espanhola de Catequistas (AECA):

> Propomos dar um giro histórico no modelo de transmissão da fé; pretendemos pensar e pôr em prática, sem precipitação, sem dramatismo e sem ilusão, um novo paradigma na transmissão da fé... Estamos numa nova situação cultural e num ambiente pós-cristão. Não se trata de repetir modelos anteriores, embora devamos aprender deles. Necessitamos de uma nova evangelização. E, dentro desta, necessitamos de uma nova catequese iniciatória que tem de ser missionária – própria dessa nova evangelização e não de uma pastoral de cristandade – e plural no seio de um marco iniciatório comum... Esta situação é inédita para a Igreja e supõe um desafio à sua "maternidade espiritual", já que, apoiada pelo Espírito, terá de encher-se de criatividade para saber "gerar" e "educar" novos filhos nesta situação.[7]

---
[7] *Para um novo paradigma de catequese hoje*, p. 29.

O desafio é de grande importância. Será necessária uma grande reflexão conjunta sobre o novo modelo. O que vamos tentar neste ensaio é impulsionar a reflexão, tratando de descrever o giro que temos de dar na iniciação da fé e formulando as balizas por onde nos parece que teria de ser encaminhado o novo paradigma da catequese.

Podemos descrevê-lo como um passo da reprodução à recomposição, substituindo a transmissão da fé sob a forma de herança ou mera repetição pela transmissão sob a forma de proposta, dirigida à pessoa, que reclama de ela não ser só uma acolhida, mas também uma apropriação pessoal mediante uma elaboração personalizada sem perda dos traços característicos de um cristianismo fiel.[8]

• **Do herdado ao proposto.** Explicitavam muito acertadamente os bispos franceses.[9] A transmissão da fé vinha realizando-se de forma que se tornara difícil comprovar o adágio de Tertuliano, segundo o qual "ninguém nasce cristão, mas se faz cristão". Sem desvalorizar a importância decisiva da família cristã, é preciso reconhecer a superação de mecanismos quase automáticos para transmitir a fé.

---

[8] VELASCO, Juan Martín. *La transmision de la fé en la sociedad contemporânea.* Sal Terrae, Santander, 2002, p. 69.

[9] Conferência Episcopal Francesa. *Propor a fé na sociedade atual* (1.2).

- **Da reprodução à recomposição.** "Numa sociedade como a nossa, é preciso superar a proposta de transmitir a fé mediante a simples reprodução repetitiva com o apoio das condições anteriormente existentes que hoje se encontram transtornadas e não correspondem à situação que vivemos."[10]

Cada qual há de acolher todos os elementos da integralidade da fé e, em fidelidade eclesial, fazê-los originalmente seus, compondo unitária e harmonicamente sua identidade crente.

- **Da repetição à elaboração personalizada.** E, ao mesmo tempo (diante dessa resposta), naqueles que escutam a Palavra, atua um aspecto correlativo da fé (que é dom oferecido): são impulsionados (também pela configuração cultural de seu próprio pensamento) a acolher essa Palavra por um ato de adesão pessoal.[11]

- **Da manutenção à suscitação.** É necessário e urgente sair de uma pastoral de manutenção adaptada a um contexto de cristandade para passar a uma pastoral de suscitação da fé num mundo que já não é cristão. Temos de iluminar, suscitar livremente o entusiasmo em seguir a Jesus em nossos irmãos.

---

[10] VILLEPELET, Denis. "Dossier, Actes, Colloque I". IC Paris 2003, in *Lumen Vitae*, n. 172-173, Bruxelles, 2003.

[11] Ibid., p. 57.

> "Eu gostaria de afirmar que estamos num momento de reajuste de época da catequese. Por isso, a catequese é 'lugar preferencial' de revitalização da comunidade cristã e uma chamada à conversão que tem de nos purificar."
>
> Pe. Álvaro Ginel
>
> "Queremos passar de uma catequese fragmentada para uma catequese orgânica, de uma catequese expositiva a uma catequese motivacional, de uma catequese unidirecional a uma catequese relacional."[12]

Limites e alcances da catequese

Outra questão a elucidar, diante desses novos desafios, é sobre os limites e alcances da catequese. Pessoalmente, considero que nem tudo corresponde à catequese e será preciso continuar aprofundando qual é sua função específica dentro da ação evangelizadora e pastoral da Igreja. Questão que deixo aberta para outros que desejem continuar aprofundando. Apenas aponto algumas re-

---

[12] Santos. Pe. Jânison de Sá. III Semana Brasileira de Catequese. Itaici (SP), 7 de outubro de 2009. Disponível em: <http://www.cnbb.org.br>.

flexões. Nesse sentido, alguns documentos dão algumas orientações e pistas, as quais considero muito valiosas e esclarecedoras.

– O Diretório Geral para a Catequese (1997) expressa:

> O primeiro anúncio se dirige aos não crentes e aos que, de fato, vivem na indiferença religiosa. Assume a função de anunciar o Evangelho e chamar à conversão. A catequese, distinta do primeiro anúncio do Evangelho, promove e faz amadurecer essa conversão inicial, educando na fé o convertido e incorporando-o na comunidade cristã. O primeiro anúncio, que todo cristão está chamado a realizar, participa do "id" que Jesus propôs a seus discípulos: implica, portanto, sair, adiantar-se, propor. A catequese, ao contrário, parte da condição que o próprio Jesus indicou, "aquele que crer", aquele que se converter, aquele que decidir. As duas ações são essenciais e se exigem mutuamente: ir e acolher, anunciar e educar, chamar e incorporar.[13]

Na prática pastoral, contudo, as fronteiras entre ambas ações não são facilmente delimitáveis. Frequentemente, as pessoas que acedem à catequese necessitam, de fato, de uma verdadeira conversão. Por isso, a Igreja deseja que, ordinariamente, uma primeira etapa do processo catequizador esteja dedicada a assegurar

---

[13] DGC, 61.

a conversão. O fato de que a catequese, num primeiro momento, assuma estas tarefas missionárias não dispensa uma Igreja particular de promover uma intervenção institucionalizada do primeiro anúncio, como a atuação mais direta do mandato missionário de Jesus. A renovação catequética deve cimentar-se sobre esta evangelização missionária prévia.[14]

A Exortação apostólica *Catechesi Tradendae* enuncia:

A catequese não pode dissociar-se do conjunto de atividades pastorais e missionárias da Igreja... Globalmente, pode-se considerar aqui a catequese enquanto educação da fé das crianças, dos jovens e adultos, que compreende especialmente um ensino da doutrina cristã, dado geralmente de modo orgânico e sistemático, com intuito de iniciá-los na plenitude da vida cristã. Neste sentido, a catequese se articula em certo número de elementos da missão pastoral da Igreja, sem se confundir com eles, que têm um aspecto catequético, preparam para a catequese ou emanam dela: primeiro anúncio do evangelho ou pregação missionária por meio do querigma para suscitar a fé apologética ou busca das razões de crer, experiência de vida cristã, celebração dos sacramentos, integração na comunidade eclesial, testemunho apostólico e missionário. Recordemos antes de tudo que entre a catequese e a evangelização não existe nem separação nem oposição, nem identificação pura e simples, mas relações profundas de integração e de complemento recíproco... A pe-

---

[14] DGC, 62.

culiaridade da Catequese, distinta do primeiro anúncio do Evangelho que suscitou a conversão, persegue o duplo objetivo de fazer amadurecer a fé inicial e de educar o verdadeiro discípulo por meio de um conhecimento mais profundo e sistemático da pessoa e da mensagem de Nosso Senhor Jesus Cristo...[15]

A Catequese é só uma parte dentro do processo de evangelização de toda a comunidade cristã, isto é, da atividade evangelizadora da Igreja. A catequese é o lugar da transmissão organizada da fé, caracterizada pelos fatores próprios dos processos de aprendizagem didático-metodológicos.

Não obstante isso, a noção de catequese sofreu um desdobramento semântico a respeito de sua função tradicional, expressava o Ir. Enzo Biemmi.[16]

Tal transbordamento se deu em três passos: a) distinção do primeiro anúncio, que a coloca como um tempo sucessivo; b) sua colocação ao lado do primeiro anúncio, que a coloca distinta mas paralela; c) sua conotação qualitativa que a põe dentro do primeiro anúncio.

Passamos, portanto, de uma concepção espacial linear da relação catequese/primeiro anúncio (que distingue os passos com base no momento de intervenção) a uma concepção qualitativa, circular, que tende a fazê-los simultâneos, enquanto

---

[15] CT, 18-19.

[16] Ir. Enzo Biemmi, fsf. "Discurso inaugural", in Congreso del Equipo Europeo de Catequesis. Lisboa, 2008. Pode-se encontrar o texto completo do discurso em <http://www.isca.org.ar>.

cada situação e tempo da vida; também depois da conversão, necessita-se de um primeiro anúncio e, portanto, de uma catequese que podemos definir globalmente como "querigmática", isto é, que mantém como objetivo primário e como finalidade completa a proposta da fé e o convite à conversão.

A evangelização é uma realidade rica, complexa e dinâmica, que compreende momentos essenciais e diferentes entre si (cf. CT 18 e 20; DGC 63): o primeiro momento é o anúncio de Jesus Cristo (querigma); a catequese, um desses "momentos essenciais", é o segundo, dando-lhe continuidade. Sua finalidade é aprofundar e amadurecer a fé, educando o convertido para que se incorpore à comunidade cristã. A catequese sempre supõe a primeira evangelização. Por sua vez à catequese segue-se o terceiro momento: a ação pastoral para os fiéis já iniciados na fé, no seio da comunidade cristã (cf. DGC 49), através da formação continuada... A atividade da Igreja, de modo especial a catequese, traduz sempre a mística missionária que animava os primeiros cristãos. A catequese exige conversão interior e contínuo retorno ao núcleo do Evangelho (querigma), ou seja, ao Mistério de Jesus Cristo em sua Páscoa libertadora, vivida e celebrada continuamente na liturgia. Sem isso, ela deixa de produzir os frutos desejados. Toda ação da Igreja leva ao seguimento mais intenso de Jesus e ao compromisso com seu projeto missionário.[17]

---

[17] Diretório Nacional de Catequese 33. Documentos da CNBB 84. Itaici (SP), 9 a 17 de agosto de 2005. Disponível em: <http://catequistabr.dominiotemporario.com/doc/Diretorio_nacional_de_catequese_84.pdf>.

Algumas atitudes diante da mudança de paradigma

"Para nós, que estamos vivendo esta mudança de época, a questão se torna mais aguda em virtude da rapidez com que ela vem acontecendo... Neste caso, os perigos são dois. Atingem todas as dimensões da vida e, por consequência, também a catequese. O primeiro perigo é o não reconhecimento da mudança de época. O segundo perigo consiste em mergulhar de tal modo na nova realidade que já não se consiga fazer o discernimento entre o que é evangélico e o que não é. Este perigo consiste na total identificação com as expectativas da época que está surgindo, de modo que a ação evangelizadora acabe perdendo sua capacidade de interpelação, de questionamento, de profetismo e dimensão escatológica. O segredo, consequentemente, é o discernimento."[18]

Pe. Joel Portella Amado

Para todos, a mudança de época é um lugar incômodo, desconhecido, desolado e, às vezes, aterrador, cheio de avanços e retrocessos, de incoerências e inseguranças. É esperável que subsistam ao mesmo tempo velhas práticas catequísticas, com novos enfoques e rumos. Diante dessas mudanças inimagináveis, para muitos é mais fácil aferrar-se ao conhecido, ao que sempre se fez. Acreditamos im-

---

[18] AMADO, Pe. Joel Portella. *III Semana Brasileira de Catequese*. Itaici (SP), 7 de outubro de 2009. Disponível em: <htpp://www.cnbb.org.br>.

portante vislumbrar algumas atitudes esperáveis entre os catequistas e agentes de pastoral para a viagem que empreendemos.

- **A paciência.** Não temos uma ideia clara do que vem. Temos mais consciência clara do que caiu, mas desconhecemos o que está por nascer. Talvez não cheguemos a viver o novo ou talvez sim. Intuo que a viagem vai ser longa. É necessário aceitar a instabilidade e desorientação como elementos constitutivos do caminhar.

- **A falta de tomada de consciência da mudança de época.**[19] Manifesta-se em negação da mudança, resistência a refletir e a mudar a Catequese, dificuldades para descobrir e definir as problemáticas, tendência a pensar em generalidades, recorrendo a respostas simplistas e fechadas, acentuação de resultados acima dos processos, medo de habitar um território desconhecido.

- **Não cair no desânimo nem na culpabilização.** A Igreja passou por crises muito grandes e sempre surgiram pessoas e grupos capazes de encontrar novos rumos.

- **Não cair na tentação da restauração.** Não é de estranhar o florescimento e a aceitação de costumes e esti-

---

[19] Documento de Abertura, in *IV Jornadas Nacionales de Catequética*. Argentina, 2008. Disponível em: <http://www.isca.org.ar>.

los conservadores como respostas diante de tanta mudança; que busquem a restauração de tempos passados. A respeito disso opinavam os bispos franceses: "Rechaçamos toda nostalgia de épocas passadas, nas quais o princípio de autoridade parecia impor-se de maneira indiscutível... Não sonhamos com uma impossível volta ao que se denomina 'cristandade'. No contexto da sociedade atual é onde queremos pôr em ação a força de proposta e de interpelação do Evangelho..."[20]

• É preciso **renunciar à onipotência da geração "adulta – já catequizada"** e abandonar a crença de que nossa ação catequética predetermina, transmite sentido. Nestes novos tempos, todos somos viajantes, companheiros de caminho; todos estamos "desamparados e irmanados na intempérie"... Aprendemos tudo de todos. **Mudamos, mudando-nos, isto é, convertendo-nos...** (em pleno sentido evangélico).

• **Aprender a somar, mais que sobrar.** Nem todos poderão fazer tudo. Será preciso gerar novos esquemas de organização pastoral e catequética. Apagar limites ultrapassados, buscar estruturas mais leves e adequadas aos tempos de hoje, ampliar e superar os conceitos de paróquia e decanato; em síntese trabalhar para a unidade e a comunhão...

---

[20] Conferência Episcopal Francesa. *Propor a fé na sociedade atual* (1.1), in *Propor a fé hoje*, p. 45.

• **Trabalhar com os que se animem, com os que nos sigam, com os que creiam no projeto.** A princípio, será preciso trabalhar com um pequeno grupo que se entusiasme com o projeto. Sempre haverá uma parte da comunidade que não vai nos entender, vai oferecer resistência à mudança ou, o que é pior, vai pôr "paus na roda". É normal e esperável.

• **É estratégico e prioritário potenciar as experiências positivas.** Designar os mais capazes e os melhores recursos pessoais e materiais para as experiências novas e positivas, com perspectivas multiplicadoras, mesmo que se descuidem de outras áreas ou diretamente as abandonem. Pôr em comunhão os logros. Animar-se a revisar tudo, como diz São Paulo, e ficar com o que é bom (1Ts 5,19-21). Descartar o que não serve e somar o que contribui, venha de onde vier.

• **Diálogo intercultural.** Hoje, sobretudo com os jovens, já não devemos falar mais de "diálogo intergeracional", mas mais propriamente de "diálogo intercultural". A cultura infanto-juvenil emergente está tão afastada e distante dos adultos (em sua linguagem, em seus ritos, em seus modos de significar a realidade, em suas interrogações vitais, em sua pertença a tribos urbanas globais, entre outras coisas) que praticamente nos animamos a afirmar que é razoável falar do encontro entre duas culturas diferentes, o que exige todo o modelo de transmissão intergeracional.

- **Confiança no Senhor.** Não devemos ter medo. Jesus é quem está à frente da Igreja (Mt 8,23-27). Ele sabe o que faz. Nós estamos em sua barca; Ele a guia e levará a bom porto, apesar das tormentas e da ausência de rumo claro.

> "Lamentamos, seja algumas tentativas de voltar a certo tipo de eclesiologia e espiritualidade contrárias à renovação do Concílio Vaticano II, seja algumas leituras e aplicações reducionistas da renovação conciliar; lamentamos a ausência de uma autêntica obediência e de exercício evangélico da autoridade, as infidelidades à doutrina, à moral e à comunhão, nossas débeis vivências da opção preferencial pelos pobres, não poucas recaídas secularizantes na vida consagrada influenciada por uma antropologia meramente sociológica e não evangélica...
>
> Para nos converter em uma Igreja cheia de ímpeto e audácia evangelizadora, temos de ser de novo evangelizados e fiéis discípulos... Não temos de dar nada como suposto e descontado. Todos os batizados estamos chamados a 'recomeçar a partir de Cristo', a reconhecer e seguir sua Presença com a mesma realidade e novidade, o mesmo poder de afeto, persuasão e esperança, que teve seu encontro com os primeiros discípulos nas margens do Jordão, faz 2.000 anos e com os 'João Diego' do Novo Mundo..."
>
> *Documento de Aparecida, 100 e 549*

Catequese do caminho, catequese nos caminhos

"Aqui a catequese tem uma longa, mas urgente missão. Catequese é caminho para o discipulado. Há muita gente deixando Jerusalém e caminhando para Emaús, tristes, desiludidos, abatidos, sofridos, machucados, desencantados, perdidos, quer entre adultos, jovens, crianças, idosos, nas periferias, nos centros urbanos, nos condomínios e prédios, no campo, na universidade. Poucos têm possibilidade de encontrar um caminhante, um catequista, um evangelizador que se aproxima, escuta, explica, aquece o coração e a mente, sinaliza para o rito gestual de Jesus de partir pão e de o reconhecer no caminho e ajudar a fazer a mesma experiência dos discípulos de Emaús."[21]

Dom Juventino Kestering

Talvez seja tempo de sair pelos caminhos, de sair da comodidade de uma Igreja instalada em suas próprias seguranças. Nesse sentido, o texto dos discípulos de Emaús (Lc 24,13-35) torna-se profundamente esclarecedor e enriquecedor para refletir sobre o novo paradigma na catequese de que estamos necessitando. Hoje, mais que nunca, temos de assumir a lógica de uma catequese do caminho, de uma catequese para o caminho, de uma catequese nos caminhos.[22]

---

[21] Kestering, Dom Juventino. III Semana Brasileira de Catequese, Itaici (SP), 6 a 11 de outubro de 2009. Disponível em: <http://www.cnbb.org.br>.

[22] Neste sentido, o texto *Iglesia en camino*, de Irmã Beatriz Casiello e Irmão Genaro Saénz de Ugarte, foi visionário em apresentar a lógica do caminho como modelo pastoral.

Essa evocação inicial de Emaús está querendo indicar que, agora mais que nunca, o lugar próprio da catequese é o caminho em que os homens vivem, amam, trocam gestos de ternura e também de lágrimas. É necessário que a Igreja proponha lugares para a catequese, mas o que convém, sobretudo, é ir e vir pelos caminhos em que os homens e as mulheres se encontram, buscando num mundo cheio de contrastes um sentido para sua vida, quer dizer uma direção e um significado.[23]

O movimento da missão é um ir e vir de Emaús a Jerusalém; Emaús, situado no caminho de quem busca; para Jerusalém, onde se volta para contar aos irmãos o que aconteceu no caminho e celebrá-lo. A Igreja respira e se constrói neste vai e vem.[24]

A catequese deve configurar-se como um processo dinâmico, sempre a caminho. Ao percorrer o caminho, nem todos podem avançar no mesmo passo; são diversos os modos de caminhar, as necessidades, os imprevistos, os ritmos. São as pessoas concretas que realizam o percurso segundo sua única e peculiar forma de ser, de viver, de andar; pessoas que, junto com as realidades, situações e acontecimentos determinados, vão tecendo a trama de sua própria vida pessoal e comunitária. A própria história pessoal tem de ser lida cada vez mais como história de fé, para poder descobrir nos "textos da vida" pessoal a proximidade de Deus com uma profundidade maior.

---

[23] Ver Fossion, A. *La catequesis en el campo de la comunicación*. 1990.
[24] Ver Adler, Gilbert. *15 Caminos para la Catequesis Hoy*, p. 17.

A fé não é algo que se recebe ou se configura num determinado momento da existência e se tem por toda a vida, mas antes é um caminho que se percorre ao longo de toda a vida e que não pode permanecer à margem dos diferentes elementos e situações que condicionam e ajudam a conformar a existência concreta das pessoas. A transmissão da fé e os itinerários de iniciação não podem ser concebidos de maneira fechada quanto a programas a cumprir ou etapas a superar, nem tampouco se limitar a determinadas idades, situações ou momentos da vida.

Voltando a Emaús, o que Jesus apresenta na caminhada dos discípulos é companhia significativa. Uma companhia que abre horizonte, que ajuda a compreender o que vivem e o que levam no coração. E isso leva a cabo lendo sua vida à luz das Escrituras.[25]

A lógica do caminho comporta, então, uma concepção dinâmica e existencial da catequese, aberta a todas as idades e flexível aos diversos ritmos de amadurecimento, de situações existenciais possíveis, que vai além dos programas e dos conteúdos, das atividades e estratégias pedagógicas, propondo o Evangelho como uma força para viver e dar sentido à vida, para fazer o caminho junto com outros. A palavra "itinerário" abre um espaço para a pessoa, para sua autonomia, para seu caminhar. Esta imagem "peregrina" do itinerário pessoal pode ajudar-nos.

---

[25] GINEL, A. "Encrucijada y horizonte de la catequesis hoy", em *Misión Joven*, 344 (2005), 24.

A catequese do caminho se esboça tanto nos itinerários catequísticos propostos, como nos métodos de acompanhamento. É um pôr-se em marcha livremente de pessoas que, de todas as idades e das mais variadas opiniões, desejam construir e viver juntas uma comunidade fraterna, presidida por Jesus Cristo. O caminho catequético de crescimento na fé varia. Não pode ter atalhos e interrupções nem inclusive rupturas. Também os que acompanham o processo de fé são pessoas que estão a caminho, abertas a novas experiências que podem ter no encontro com outras pessoas no caminho.

Uma catequese "do caminho ou no caminho" não se dirige só aos que acedem à fé, mas a todos os que transitam no caminho, implicando tanto quem se inicia como quem acompanha. Os que caminham devem pressentir que o caminhar cristão é um caminho aberto que parte de longe e no qual caminharam muitas gerações antes de nós, e que parte de Jesus e chega a Jesus. E mais, é importante destacar aqui que Jesus se considera "O" caminho, o único caminho, ao qual todos os outros caminhos pessoais e comunitários chegam e por ele todos os seres humanos devem passar. Na catequese do caminho, todos participamos por igual, todos somos viajantes.

Em definitivo, o novo paradigma catequético logrará seu intento à medida que, como discípulos do Mestre, possamos testemunhar com alegria o fato de nos termos encontrado cara a cara com Jesus no caminho e de que esse encontro mudou nossa vida para sempre, e não podemos mais senão celebrá-lo juntos e proclamá-lo nos quatro pontos cardeais. É, pois, o tempo de voltar a Emaús...

O fruto da evangelização e catequese é o fazer discípulos: acolher a Palavra, aceitar Deus na própria vida, como dom da fé. Há certas condições da nossa parte que se resumem em duas palavras evangélicas: conversão e seguimento. A fé é como uma caminhada, conduzida pelo Espírito Santo, a partir de uma opção de vida e uma adesão pessoal a Deus, através de Jesus Cristo, e a seu projeto para o mundo. Isso supõe também uma aceitação intelectual, um conhecimento da mensagem de Jesus. O seguimento de Jesus Cristo realiza-se, porém, na comunidade fraterna. O discipulado, que é o aprofundamento do seguimento, implica renúncia a tudo o que se opõe ao projeto de Deus e que diminui a pessoa. Leva à proximidade e intimidade com Jesus Cristo e ao compromisso com a comunidade e com a missão...

Diretório Nacional de Catequese, 34

Acolher a Palavra, aceitar Deus na própria vida, é dom da fé. Ele exige, porém, certas condições por parte do homem. Elas podem ser resumidas com duas palavras evangélicas: conversão e seguimento. A fé é como uma caminhada. Mais exatamente: é seguir o caminho de Jesus. O que os discípulos fizeram pelos caminhos da Galileia

> e da Judeia até a Cruz, acompanhando fisicamente Jesus e comungando sempre mais de sua vida e de seu ideal, deve ser refeito hoje, em nosso meio. É o programa que nos propõem os Evangelhos. Eles foram escritos não apenas para recordar o itinerário terreno de Jesus, mas para fazer dele o roteiro ideal da caminhada de todo discípulo.
>
> *Catequese Renovada, 64*

UM NOVO PERFIL DO CATEQUISTA

Catequistas missionários: discípulos nos caminhos

"Precisamos sair ao encontro das pessoas, das famílias, das comunidades e dos povos para comunicar-lhes e partilhar o dom do encontro com Cristo, que encheu nossas vidas de "sentido", de verdade e amor, de alegria e de esperança! Não podemos ficar tranquilos na espera passiva em nossos templos, mas urge acudir em todas as direções para proclamar que o mal e a morte não têm a última palavra, que o amor é mais forte, que fomos libertados e salvos pela vitória pascal do Senhor da história, que Ele nos convoca em Igreja e que quer multiplicar o número de seus discípulos e missionários na construção de seu Reino em nosso Continente..."

Documento de Aparecida, 548

Evidentemente, um novo paradigma catequístico exige um novo perfil de catequistas. Uma catequese do caminho requer catequistas-discípulos que percorram os caminhos, anunciando o encontro com Jesus ressuscitado, como os discípulos de Emaús.

A lógica da catequese do caminho produz uma marca nova nos catequistas que andam pelos caminhos. A acentuação da catequese como iniciação e percurso de um caminho reclama a presença de "guias adequados" que conheçam o terreno e estejam capacitados para orientar e acompanhar no caminho. A partir dessa perspectiva, ressalta-se a tarefa do catequista como "acompanhante" que participa do caminho e do que nele acontece, apoiado em sua própria experiência crente e em sua capacitação pedagógica. Guiar ou iniciar é sempre acompanhar num caminho semeado de obstáculos, assegurando que se conduz a bom termo o melhor para nós. Significa marcar as etapas, estabelecer as pausas, rever o caminho andado, calcular a distância que falta para percorrer.

A aprendizagem catequística necessita de pessoas de referência, de catequistas que acompanhem o processo de fé. O caminho que se propõe aos catequizandos exige que primeiro seja conhecido e experimentado pelos próprios catequistas.

A primeira qualidade do evangelizador é a de entrar em conversação, misturar-se com as pessoas, pôr-se a falar com as pessoas com quem se encontra, interessar-se pelo que lhes interessa, poder falar de coisas comuns, deixar-se também questionar. Isso exige definir de modo novo o perfil catequista em chave missionária, testemunhal, ancorado numa fé fortemente vivenciada e personalizada, capaz de realizar o acompanhamento das pessoas e dos grupos em seu "fazer caminho". E isso a exemplo do próprio Jesus em Emaús.

Um novo perfil de catequista-animador vai-se precisando no caminho. O catequista que anima esse grupo tem um novo perfil e reinterpreta sua missão: mais que didata, é guia, animador, acompanhante. A iniciação necessita de catequistas autoevangelizados, ancorados numa fé fortemente vivenciada e personalizada, bem formados para oferecer a originalidade da experiência cristã, capazes de testificar e acompanhar as pessoas e o grupo em seu caminho de fé.

• **A pedagogia iniciática.** Podemos defini-la como dar a mão a alguém ou a um grupo, para que comece a viver uma experiência e se adentre nela. Segundo essa pedagogia, na catequese, não se trata de dizer, seguindo um método ou outro, o que há que fazer, mas sim de fazer o que se diz; não se trata de propor o que há de viver, mas sim de viver o que se propõe. Estamos diante de uma verdadeira mistagogia da vida cristã.

• **O acompanhamento pessoal.** Para conseguir a reelaboração personalizada da fé, que é o objetivo do novo paradigma, e para garantir o processo individualizado no itinerário da fé, é absolutamente necessário o acompanhamento pessoal como parte da ação do catequista.[26]

---
[26] Para um novo paradigma de catequese hoje, p. 40.

O **Documento da AECA**[27] expressa muito acertadamente as novas capacidades e estilos que teríamos de assumir como catequistas diante da mudança de paradigma catequístico:

> Na atual situação, acompanhar no caminho requer cuidar de uma série de acentos e tarefas:
>
> – **A força do testemunho.** Hoje se pede experiência, não só palavras sobre Deus. Acompanhar no caminho exige do acompanhante o falar do que experimentou. Hoje se requerem animadores de peso experiencial que ponham a serviço dos outros seu saber e gosto da vivência cristã; que acompanhem e orientem o peregrinar dos que aparecem ou se iniciam no caminho da fé. Não se tratará necessariamente de grandes testemunhos ou de "estrelas" da fé. Serão, em geral, pessoas próximas, crentes normais, com suas limitações e contradições, suas dúvidas e seus equívocos, que se atrevam a dizer e mostrar suas razões para viver e esperar.
>
> – **Exercer a função de mediador.** O catequista ou evangelizador está chamado a ser, ademais, um mediador: o que prepara o terreno e introduz na vivência comunitária; o que põe em relação os iniciandos com o que a comunidade crê, vive e celebra; o que favorece os encontros e a conexão entre as pessoas que acompanha e os grupos numa determi-

---

[27] Para um novo paradigma de catequese hoje, p. 59.

nada comunidade; o que provoca e envolve a comunidade para que seja consciente de sua responsabilidade e acompanhe a progressiva inserção dos que se iniciam. Trata-se de estabelecer laços e de estender pontes.

– **Uma tarefa de maiêutica.** Iluminar, lançar luz, ajudar a aprofundar, mostrar e fazer ver o que já existe, o que está contido nas pessoas, nos acontecimentos, na vida, mas que ainda não se conhece, porque não se descobriu. Tarefa importante do evangelizador é a de ajudar as pessoas a prestar e tomar consciência de realidades presentes, mas ignoradas, a de desvelar e assinalar com o dedo a presença do Reino nas pessoas e nas situações, inclusive ali onde menos se esperava.

– **Uma tarefa de propedêutica.** Trata-se de preparar, capacitar, oferecer os instrumentos, os elementos e critérios para que a pessoa seja capaz de discernir e orientar a própria existência a partir da perspectiva da fé em Jesus, posto que a questão de 'nascer hoje para a fé' não parece estar 'em conformar as pessoas a um modelo preestabelecido de fé, mas em oferecer-lhes um panorama variado, no qual possam mover-se, no qual possam apoiar-se para crescer e caminhar livremente na fé'.[28]

---

[28] Fossion, A. "Para umas comunidades catequizadas e catequizadoras!", em Huebsch, B. *La catequesis de toda la comunidad*. Sal Terrae, 2006, p. 136.

– A função de hermenêutica. A função de um hermeneuta, pois, ajuda a interpretar e reler a vida a partir de Jesus e do Evangelho, favorecendo o encontro e fazendo possível a experiência de fé. A catequese se converte em iniciação ao dinamismo interpretativo da história dos homens à luz da fé e, correlativamente, do sentido da fé cristã com respeito à história dos homens".

O **Documento de Abertura das IV Jornadas Nacionais de Catequética da Argentina, 2008,**[29] também faz uma clara referência à nova função que se espera dos catequistas:

> Diante da atual mudança de época, constatamos que somos nós os que temos de mudar. Esta constatação não expressa a necessidade de mudança pelo simples fato de mudar, mas que se refere a toda a profundidade e ao compromisso que acarreta a conversão pastoral. Antes de perguntarmos a respeito dos outros, é imprescindível perguntar-nos o que tem de mudar em nós mesmos, para fazer-nos capazes do diálogo, da acolhida e do projeto comum com os outros...
> Um novo paradigma catequético requer um novo paradigma na formação de catequistas. Neste sentido, propiciamos uma formação integrada, que se inclui orgânica e existencialmente no processo de fé

---

[29] Disponível em: <http://www.isca.org.ar>.

adulto e crente, chamado à vocação catequística. Um itinerário que acompanha os processos de discernimento da própria fé e da própria vocação...

Uma formação que ajuda a aprofundar, expressar e compartilhar a experiência do encontro vital com Cristo e contribui para descobrir a presença e a voz de Deus, que transforma, liberta e purifica o catequista, convidando-o a uma adesão paulatinamente mais total e firme à pessoa de Cristo.

(...) O serviço à Igreja, como sujeito e agente da Evangelização, dá sentido e valor à formação de catequistas. Por isso, o catequista em formação, só se vive e faz a nova Igreja, será configurado como um novo crente, atravessado por um renovado ardor missionário, e que ame e contagie o mundo de hoje, transmitindo o dom da fé. Será, ao mesmo tempo, anfitrião e comensal convidado ao banquete do Senhor Jesus, que celebra a festa da Salvação. Desta maneira poderá suscitar e desenvolver, em cada homem e mulher de seu tempo, o desejo e a apropriação da Boa-Nova de Jesus.

(...) Ante o desafio dos cenários atuais mutantes, descobrimos a pertinência de propostas formativas que incluam o intercâmbio e o diálogo entre os catequistas. Com o cenário de uma atitude de busca que os ajude a desinstalar-se de algumas práticas catequísticas reiteradas, desajustadas e pouco significativas, destacamos a importância de itinerários que provoquem nos catequistas estes efeitos:

– **A relativização.** Faz experimentar o caráter particular e, por isso, relativo das práticas do próprio contexto de procedência. Cada um é levado a relativizar a própria experiência. O que cada um espontaneamente se inclinava a crer como universal e insubstituível não o é tanto.

– **A complexificação.** A relativização leva, por sua vez, a descobrir que a Catequese é mais complexa, rica e profunda do que alguém tinha percebido na prática habitual. Vão-se descobrindo novas dimensões, novas modalidades, novas exigências...

– **O aprendizado de um pensamento estratégico.** Define opções, prioridades, etapas, meios e recursos. Um pensamento catequético, que reconhece a imprevisibilidade desse tempo, como oportunidade mais que como ameaça, e que fornece canais variados diante da variedade de situações".

Propor o Evangelho como força para viver reclama o encontro com pessoas que tenham o coração, a cabeça, a carne e o espírito transpassados por uma Boa Notícia que as pôs a caminho e as mantém em busca. Serão, em geral, pessoas próximas, crentes normais que ousarão dizer suas razões para viver e esperar apesar de tudo. O ato catequístico lança suas raízes no ser do catequista e chega até o ser do catequizando. A linguagem que melhor se apresenta para a transmissão da experiência cristã é a linguagem narrativa, isto é, aquela que seja capaz de transmitir com mais força e fidelidade uma história viva. Hoje, mais que nunca, nós os catequistas temos que nos transformar em narradores de uma história viva, uma história crível, porque narramos com nossas vidas a presença viva do Ressuscitado.

> "De que maneira pode chegar aos jovens a proposta do Evangelho que é força para viver? Mediante o encontro com pessoas cujo coração e cuja cabeça, cuja carne e cujo alento tenham sido atravessados por uma Boa Notícia, que as pôs em marcha e as mantém sempre em busca. Pessoas que os convidem, de maneira expressa ou tácita, a percorrer um trecho do caminho na mesma direção..."
>
> *Bispos de Québec*
> *Propor hoje a fé aos jovens, 4.6*

1. Na busca de novos rumos para a Catequese[1]

Nesta parte do ensaio, tentaremos esboçar algumas pistas, algumas linhas de ação, alguns empenhos e transformações que consideramos que podem ir marcando o pulso da catequese que virá, da catequese missionária. Antes, queremos fazer dois esclarecimentos.

O primeiro é que grande parte dessas reflexões não são de minha autoria exclusiva e têm sua origem nas XXV Jornadas da Associação Espanhola de Catequistas (AECA), realizadas em Madri, em dezembro de 2006, no Congresso da Equipe Europeia de Catequeses em Lisboa de 2008, e nas IV Jornadas Nacionais de Catequética, realizadas em San Miguel, Província de Buenos Aires, em agosto de 2008. Tratei de fazer uma síntese própria, organizando o material da maneira que me pareceu mais didática, inter-

---

[1] Para ver os documentos prévios de trabalho, consultar a página do ISCA (www.isca.org.ar). O documento completo se encontra publicado sob o título: Hacia un nuevo paradigma de iniciación cristiana hoy, PPC, Madrid, 2008.

calando minhas próprias contribuições e ideias a respeito do novo paradigma.

O segundo tópico a deixar claro é que essas reflexões são a modo de ensaio. Isto é, que não têm nenhuma intenção normativa nem prescritiva, nem muito menos condenatória do que se vem fazendo. Muito pelo contrário, são ideias, contribuições, esboços de itinerários possíveis para repensar nossa prática catequística.

Neste sentido, a sentença paulina de "examinar tudo e ficar com o que é bom" (1Ts 5,21) nunca é tão acertada. Nossa intenção é abrir pistas, novos rumos, abrir o pensamento e os corações para novas realidades, de maneira que cada equipe de catequistas, de acordo com sua realidade concreta, possa ir intuindo e levando adiante as mudanças que considere pertinentes para ir fazendo de nossa catequese uma catequese mais missionária e adaptada aos tempos de hoje.

Indicamos a seguir algumas acentuações e empenhos que consideramos necessários enfrentar para caminhar para uma transformação progressiva da Catequese, a fim de responder aos novos desafios que a situação atual nos apresenta. Justamente por ser esboços, pistas, intuições, pareceu-me pertinente começar todos os enunciados com a preposição "para" que não só denota rumo, direção, orientação, mas que ao mesmo tempo indica algo que está a caminho de ser algo não acabado, algo que se está gestando e para o qual tendemos, embora nunca de maneira absoluta.

> – Para uma catequese da proposta.
> – Para uma catequese da proximidade e vizinhança.
> – Para uma nova concepção do grupo catequístico.
> – Para uma catequese que descubra novos tempos e lugares adaptados ao homem de hoje.
> – Para uma catequese com intensa e profunda vida espiritual cristã.
> – Para uma catequese que faça um mundo melhor e cada dia mais humano.

PARA UMA CATEQUESE DA PROPOSTA

"A aceitação e o seguimento de Jesus são uma opção profundamente pessoal. Ao mesmo tempo, porque a pessoa se realiza no relacionamento e no amor, o seguimento realiza-se na comunidade fraterna. Seguir a Jesus é juntar-se, fraternalmente, aos outros discípulos. Assim a fé, nascida na comunidade da Igreja, renova permanentemente a própria comunidade a partir de sua raiz profunda, a comunhão com Deus, e gera novas comunidades eclesiais."

Catequese Renovada, 65

Vivemos numa sociedade laica e plural em que a fé cristã deixou de ser uma herança, ou melhor, mais um elemento da herança que passava de umas gerações às outras. É preciso superar a concepção da catequese como transmissão de um "enxoval" herdado. A Boa Notícia já não figura no depósito da memória viva, nem costuma entrar no horizonte das expectativas e motivações das pessoas de hoje. Com frequência, Jesus e o Evangelho se tornam algo distante e desconhecido para muitos dos que ainda se declaram católicos.

Nesta situação, distinta da de tempos passados, a fé, para ser conhecida e acolhida, requer ser "proposta". É preciso passar de uma catequese de manutenção, que sustenta e consolida a fé que já existe, para uma catequese que desperta o desejo e propõe a novidade radical do Evangelho. Da pertença aceita e não questionada a uma participação escolhida, baseada numa decisão consciente e que se desenvolve gradualmente. Desta maneira, propor a fé é um descobrimento a realizar, uma busca a empreender, um caminho a percorrer juntos; daí a dimensão pessoal adquire um peso irradiante.

O ato de fé é eminentemente um ato da liberdade humana, ninguém pode obrigar um outro a responder ao amor de Deus. O anúncio missionário exige uma imensa atenção para com o outro, uma moral da comunicação que liberta e torna responsável. Por essa razão, a catequese necessita mais do que nunca de uma pedagogia que valorize os espaços de autonomia, a criatividade, a expressão, num processo que respeite o mistério da pessoa.[2]

A proposta cristã pede que seja reinterpretada em função das interrogações, inquietações, necessidades e aspirações daqueles a quem se dirige. A catequese deve propiciar sempre

---

[2] DERROITE, Henry. *15 Novos Caminhos para a Catequese hoje*, p. 241.

a resposta livre e autônoma das pessoas, dando a máxima importância ao respeito pelos processos e à responsabilidade dos sujeitos. Não é ensinar nem impor, não é obrigar nem pressionar; é oferecer, convidar, apresentar, mostrar, entusiasmar; em síntese propor a fé. Para esta catequese missionária fazem falta as competências correspondentes: capacidade de convidar e entusiasmar; capacidade de informar e mostrar; capacidade de atrair e convocar; capacidade de falar e transmitir a fé. Isto exige enfoques ágeis, flexíveis, múltiplos e disponíveis.

O documento da AECA[3] destaca quatro elementos que nos parecem muito valiosos para ressaltar, como pré-requisitos ou partes constitutivas da proposta cristã:

• **Cultivar a interioridade.** Exercitar-se em aprender a olhar em profundidade a vida, as pessoas, o mundo, a si mesmo... Isto nos coloca o desafio de fazer que nossos encontros, reuniões e atividades ajudem as pessoas a entrar na profundidade da vida e as capacitem para olhar além das aparências e da realidade mais imediata ou superficial, das sensações e primeiras impressões.

• **Provocar e despertar perguntas.** Quem não se faz perguntas, não necessita de respostas nem as acolhe. Despertar interrogações, apresentar questões, provocar inquietações... é uma forma de aproximar-se de mundos desconhecidos, de ampliar os horizontes preestabelecidos, de entrar em contato com as dimensões mais profundas da pessoa.

---

[3] *Para um novo paradigma de catequese hoje*, p. 48.

• **Viver determinadas experiências.** O valor e a importância que nesta época são dados à experiência nos ajudam a reconhecer a necessidade de que os espaços, processos e dinâmicas catequéticas ajudem a viver experiências humanas profundas que alimentem e tornem possível a abertura e a conexão com a experiência crente.

• **A abertura à transcendência.** Sem estar iniciado nesta dimensão, dificilmente se pode nascer para a fé; por isso apresentamos a necessidade de que os enfoques e realizações catequéticos enfrentem o desafio de educar e preparar para esta "abertura" às realidades que nos sobrevêm, que vão além de nós mesmos, do ordinário, do cotidiano e imediato, e assim poder chegar ao encontro com os outros, com o mundo e com o Deus que se mostra a nós em Jesus.

É preciso passar de uma pastoral da demanda para uma pastoral da proposta; isto significa que a pastoral da proposta é a tomada de consciência de que se impõe a necessidade de inverter a marcha das coisas desde a catequese de crianças e adolescentes até os cristãos de tipo médio. É preciso descobrir como conseguir fazer a proposta do caminho da vida cristã antes de entrar na última etapa da preparação litúrgica.[4]

Dentro de uma catequese da proposta, seria preciso levar em conta três elementos: a apropriação pessoal, a experiência ou experimentação e a significação.

---

[4] DERROITE, Henry. *15 Novos Caminhos para a Catequese hoje*, p. 242.

Catequese   • de apropriação pessoal
da   • da experiência ou experimentação
proposta   • significativa

"Em nossa existência, procuramos o sentido da vida. O que significa ser pessoa humana, viver muitos ou poucos anos? O que estamos fazendo aqui? De onde viemos? Para onde vamos? Essas e outras perguntas existenciais são um ponto de partida e de contínua referência na catequese. Da capacidade de levar em conta essas perguntas depende a relevância da catequese para as pessoas às quais se destina. A busca de Deus na história da humanidade se enraíza nas perguntas que as pessoas fazem quando se inquietam sobre a vida, o mundo... Em vez de ir fornecendo respostas, teríamos de ouvir as perguntas que os catequizandos já trazem, em especial se se trata de adultos. O desejo de Deus e do bem faz parte da pessoa humana... Nessa experiência humana podemos incluir as inquietações e os problemas humanos sérios que são retratados em boas obras de cinema, literatura, música, teatro. Os bons artistas têm o dom de expressar de forma impactante a experiência humana. A catequese pode aproveitar o talento desses parceiros."

Diretório Nacional de Catequese, 15 e 165

Para uma catequese de apropriação pessoal

"Nós fomos dotados por Deus com o dom da liberdade, o que dignifica sobremaneira nossa condição humana. Ferida pelo pecado, nossa liberdade foi redimida por Cristo; ele restaurou a dignidade original que tínhamos recebido ao sermos criados por Deus a sua imagem... Uma fé pessoal e adulta é operante e constantemente confrontada com os desafios de nossa realidade. É uma fé animada pela caridade (cf. Gl 4,6; 1Jo 4,7-21) e está presente no compromisso social como motivação, iluminação e perspectiva teológica, que dá sentido aos valores da dignidade humana..."

Catequese Renovada, 240

O principal desafio que hoje se apresenta, portanto, à iniciação e à catequese é o da personalização. É preciso superar o estilo de catequese uniforme e despersonalizado. A experiência de Deus não se impõe nunca a partir de fora, mas finca suas raízes no desejo religioso, no pressentimento do sagrado que habita em cada ser humano. O fazer-se e o ser cristão depende hoje mais claramente – que em épocas anteriores – da convicção e da decisão pessoal. Busca-se uma catequese que ajude a passar da pertença aceita e não questionada a uma participação escolhida, fundada numa decisão consciente e que se desenvolve passo a passo.

O primeiro passo consiste em dispor favoravelmente a pessoa para reconhecer e acolher, com liberdade e responsabilidade, o dom gratuito que Deus lhe oferece. "Ser eu mesmo" constitui hoje uma exigência primordial. As pessoas reivindicam o direito a sua própria opinião, a suas próprias convicções. É fundamental colocar no centro da catequese um sujeito livre, um sujeito ativo, um ser de interrogações, que pergunta sobre o sentido das coisas e elabora respostas sempre parciais, constrói saberes plausíveis que saciem sua sede sem nunca apagá-la por completo. A pessoa receptiva se converte em um colaborador ativo e de pleno direito, nesta atividade de comunicação concebida cada vez mais como um intercâmbio entre interlocutores.

A fé é algo que corresponde, por excelência, ao âmbito da liberdade. O que a cultura moderna transmite não é imediatamente a fé, nem tampouco o ateísmo, mas a liberdade religiosa e isto desde a mais tenra idade. As crianças hoje, de fato, sabem espontaneamente que o âmbito do religioso pertence essencialmente ao campo do livre assentimento pessoal. A questão é que se exerça – e se aprenda a exercer – esta liberdade religiosa. Um traço de nossa cultura é, com efeito, o de deixar cada um com suas opções segundo seu próprio caminho e singularidade. Nossos contemporâneos, por outra parte, estão ansiosos de viver essa autonomia, de traçar seu próprio caminho, longe de todo doutrinamento e captação, embora lhes seja difícil consegui-lo. É também, no próprio coração do indivíduo, a chamada à resistência frente aos sistemas que querem impor-se e a ser o ator de seu próprio destino no seio da coletividade, expressa André Fossion.[5]

---

[5] Derroite, Henry. *15 Novos Caminhos para a Catequese hoje*, p. 114.

Para as novas gerações já não é possível descansar nas tradições e usos recebidos, sem interpor um esforço consciente e livre de apropriação pessoal. A fé pessoal se reaviva em contato com a fé de outras pessoas. A iniciação na experiência cristã passa necessariamente pela palavra e pelo testemunho de crentes e comunidades que confirmem com sua vida que o Evangelho em verdade é "uma força para viver".

Os jovens não podem contentar-se com assumir passivamente a fé de seus pais e antecessores. Os filhos já não reproduzem a fé de seus pais. A exigência de uma apropriação pessoal se tornou imperativa, pois o que até não faz muito tempo era suficiente manter, hoje há de ser querido e sustentado. Antes ou depois é preciso tomar uma decisão fundamental e consciente pela fé cristã e pela implicação de vida na comunidade de fé. Urge apresentar uma catequese que disponha e capacite para uma opção livre, consciente e pessoal.

A catequese deverá provocar perguntas, mais que ter todas as respostas. O primário e prioritário será suscitar perguntas, fazer emergir as inquietudes e anelos que cada pessoa, mesmo ocultas, traz em seu coração. A pergunta é expressão da busca, manifesta inquietude e desejo de "algo mais". O momento atual pede mais uma catequese que suscite buscas, alente o desejo e abra à novidade surpreendente do Evangelho.

> "A Igreja sabe que, por revelação de Deus e pela experiência humana da fé, Jesus Cristo é a resposta total, superabundante e satisfatória às perguntas humanas sobre a verdade, o sentido da vida e da realidade, a felicidade, a justiça e a beleza. São as inquietações que estão arraigadas no coração de toda pessoa e que pulsam no mais humano da cultura dos povos. Por isso, todo sinal autêntico de verdade, bem e beleza na aventura humana vem de Deus e clama por Deus."
>
> *Documento de Aparecida, 380*

Para uma catequese da experiência ou experimentação

"A relação da mensagem cristã com a experiência humana não é puramente metodológica, mas brota da própria finalidade da catequese, que busca a comunhão da pessoa humana com Jesus Cristo... Por esta razão a catequese deve preocupar-se em orientar a atenção dos homens para suas experiências de maior importância, sendo tarefa sua apresentar, à luz do Evangelho, as interrogações que brotam delas, de modo que se estimule o justo desejo de transformar a própria conduta..."

Diretório Geral de Catequese, 116-117

O valor e a importância que nesta época se dão à experiência nos ajudam a reconhecer a necessidade de que os espaços, processos e dinâmicas catequísticas ajudem a viver experiências humanas profundas, que alimentem e tornem possíveis a abertura e a conexão com a transcendência. É importante, portanto, provocar vivências capazes de suscitar perguntas, de abrir ao mundo, de despertar a surpresa, de induzir a busca.

O momento atual apresenta o desafio de fazer da catequese um lugar de familiarização e de imersão progressiva na vivência cristã integral, o que vai mais além da estruturação em temas e dos programas fixados nos livros. Não se pretende tanto a transmissão de um saber, de uma bagagem de ideias ou conhecimentos quanto à introdução vital em algo novo. Estamos diante de um tipo de aprendizagem que oferece oportunidades para provar, experimentar, perceber com todos os sentidos o valor e o sentido da fé em Jesus e da vida cristã.

Iniciar é submergir o iniciando num banho de significações que ele não poderia descobrir por nenhum outro caminho. A catequese está chamada a ser espaço e âmbito para "fazer experiência cristã". Isto é, os que participam na catequese devem degustar e saborear as experiências básicas e fundamentais do ser cristão: o encontro, a partilha, a oração, a celebração, o compromisso solidário... Frente ao predomínio do intelectual e discursivo nos atuais processos catequísticos, será preciso pôr uma ênfase muito maior numa pedagogia da experiência e da vivência que, certamente, cuide também da reflexão e do aprofundamento.

Muitos abandonam a Igreja porque têm a impressão de que ela se tornou demasiadamente impessoal. Desejam uma experiência do amor de Deus, não uma definição. Não se trata tanto de uma imposição doutrinal a partir de fora, mas antes a partir de uma base comum: a da experiência de vida, a de nossa própria história de vida iluminada e questionada à luz do Evangelho, em companhia dos irmãos.

A catequese está chamada a ser espaço e âmbito para "fazer experiência cristã", isto é, lugar onde degustar e saborear o ser cristão. Portanto, terá de favorecer modos e realizações que tornem possível que os participantes da catequese degustem as experiências básicas e fundamentais do ser cristão: o encontro, a partilha, a oração, a celebração, o compromisso com os pobres e necessitados...

A experiência humana, especialmente quando é comum e partilhada, é uma fonte de revelação do Mistério de Deus na vida de cada dia, em nossas relações, em nossos projetos, em nossa tecnologia, em nossos trabalhos, em nossas comunidades; a maneira de interpretar e viver essas experiências será diferente, muito mais plena e vivificante quando se encontram com a experiência do amor transbordante de Cristo ressuscitado.

"Em nossa Igreja devemos oferecer a todos os nossos fiéis um 'encontro pessoal com Jesus Cristo', uma experiência religiosa profunda e intensa, um anúncio querigmático e o testemunho pessoal dos evangelizadores, que leve a uma conversão pessoal e a uma mudança de vida integral... Recordamos que o caminho de formação do cristão, na tradição mais antiga da Igreja, 'teve sempre caráter de experiência, na qual era determinante o encontro vivo e persuasivo com Cristo, anunciado por autênticas testemunhas...'"

Documento de Aparecida, 226 e 290

"Não há comunicação religiosa sem experiência vital. Por isso, ela é essencial na catequese... A Palavra de Deus não pode ficar no abstrato, mas precisa encontrar eco na vida. A riqueza da mensagem evangélica permanece ineficaz e como que extrínseca e superficial se não se levar seriamente em conta a experiência dos catequizandos, o contexto em que vivem, as barreiras que têm, os sonhos e esperanças que alimentam."

Diretório Nacional de Catequese, 165

Para uma catequese significativa

"A catequese possui forte dimensão antropológica. E, por isso, ela precisa assumir as angústias e esperanças das pessoas, para lhes oferecer as possibilidades da libertação plena trazida por Jesus Cristo. Nessa perspectiva, as situações históricas e as aspirações autenticamente humanas são partes indispensáveis do conteúdo da catequese. Elas devem ser interpretadas seriamente, dentro de seu contexto, a partir das experiências vivenciais do povo de Israel, à luz de Cristo e na comunidade eclesial, na qual o Espírito de Cristo ressuscitado vive e opera continuamente.

Diretório Nacional de Catequese, 42

É cada vez mais urgente e necessário tornar possível uma catequese significativa, isto é, que toque afetiva e efetivamente a vida dos destinatários, de modo que o sujeito possa ir encaixando progressivamente em sua história pessoal os dados da mensagem cristã. A fé dos crentes tem de ser sedutora e apresentar-se como algo que valha a pena ser vivida; porque dá alegria, porque abre a vida ao insuspeitado, porque não mutila a pessoa, mas a conduz à plenitude de suas possibilidades e a nutre com suas raízes mais profundas.

É importante mostrar que Deus e o religioso são interessantes, que afetam a vida e a maneira de viver, que a presença de Jesus vem para nos dar vida e vida em abundância. Quando se descobre que a fé é o que mais pode ajudar na construção da própria identidade, a fé vincula de maneira nova. Os itinerários de fé têm de relacionar-se com os processos de tornar-se pessoa na sociedade atual.

A catequese deve motivar as pessoas a descobrir a fé cristã como um caminho que conduz a uma identidade, configurando a vida e ajudando a encontrar um fundamento sólido como referência no meio da complexidade e fragilidade dos tempos atuais. Inculturar a fé é fazê-la significativa e pertinente para uma sociedade ou um grupo concreto. Tudo isso implica que se conheça bem a cultura daqueles com quem se entra em comunicação, já que se não há um mínimo de linguagem comum não existe nenhuma possibilidade de gerar uma comunidade, ao menos, de falantes. Para conhecer uma cultura ou língua é necessário primeiro frequentar aqueles que a falam e aprendê-la deles.

Numa catequese significativa o centro de atenção é constituído pelas interrogações vitais, pelas preocupações e experiências dos indivíduos e das comunidades. A estrutura e o processo reconhecem que as perguntas humanas são fontes importantes da revelação de Deus. Uma catequese significativa convida ao compromisso e às relações humanas. Trata-se de encontrar, em comunidade, o sentido da vida a suas interrogações vitais, a seus questionamentos mais profundos.

Nesse sentido, o que se conhece como catequese ocasional pode ajudar a gerar experiências significativas, capazes de suscitar processos de iniciação. A catequese ocasional não depende de um programa prévio, mas que se centre nos interesses ou interrogações de um grupo que forma para este fim. Para que seja eficaz tem de ser levado a cabo num pequeno grupo (entre sete e quinze pessoas) que se reúnem uma vez por semana, durante um período que oscila entre quatro e oito semanas, no momento e lugar que melhor lhes convenha, para tratar um tema ou uma pergunta que lhes interessa, coordenadas por um ou mais catequistas. Costuma ser dirigida a adultos esta catequese ocasional, não exclusivamente.

O original da catequese ocasional funda-se em ser uma proposta aberta a pessoas de diferentes culturas, idades, grupos étnicos, tribos urbanas, raças, sexos e de diversos níveis educativos; que aceita a diversidade de ideias, experiências e culturas. Todo acontecimento da vida pessoal, familiar ou comunitária, pode ser uma ocasião para iniciar um processo que ajude a referir a experiência e iluminá-la à luz do Evangelho. Exige reflexão pessoal e comunitária sobre os problemas mais sérios da vida, mas não pretende dar respostas acabadas a essas questões.

É preciso experimentar a força humanizadora da fé, cultivando a interioridade e exercitando-se para aprender a olhar em profundidade a vida, as pessoas, o mundo, a si mesmo. A catequese tem de levar a descobrir que Deus não é algo rotineiro, nem do passado, mas "Alguém" que nos faz viver de outra maneira mais relacionada e aberta, alguém que nos ajuda a assumir nossas interrogações vitais, nossas inquietudes, nossas buscas, nossas contradições de uma maneira nova e a viver em autêntica plenitude. A catequese de hoje ou conecta com a vida da pessoa que participa dela – seja criança ou adulto – ou não terá sentido.

> "A catequese que se há de realizar por ocasião dos principais acontecimentos da vida, como são o casamento, o batismo dos filhos e os outros sacramentos da iniciação cristã, nos momentos críticos do crescimento dos jovens, na enfermidade etc. São circunstâncias em que as pessoas se sentem, mais do que nunca, movidas a perguntar-se pelo verdadeiro sentido da vida... A catequese por ocasião de situações particulares, como a entrada no mundo do trabalho, o serviço militar, a emigração... São mudanças que podem gerar enriquecimentos interiores, mas também confusão e perda de orientação, pelo que se necessita da luz e da ajuda da Palavra de Deus..."
>
> *Diretório Geral para a Catequese, 176*

PARA UMA CATEQUESE DA PROXIMIDADE E VIZINHANÇA

"... o catequista precisa cultivar a qualidade das relações, pois elas permitem maior interação entre as pessoas. Jesus criou espaços de relacionamento afetuoso, acolhedor, misericordioso, que permitiam às pessoas maior proximidade, vizinhança. O catequista é um mediador de inter-relações na dinâmica do Reino. Um espaço privilegiado de relações humanas fraternas, de ajuda e de crescimento é o grupo de catequistas. As relações passam pela experiência do diálogo, do compartilhar, da amizade, da convivência dos grupos de trabalho, das festas."

Diretório Nacional de Catequese, 271

Em tempos de massividade e despersonalização, é necessário que a catequese promova a vizinhança e a proximidade entre as pessoas. Diante do anonimato das grandes cidades e da despersonalização do mercado e do mundo globalizado, o ser humano busca desesperadamente ser reconhecido como pessoa única e individual. O homem de hoje está sedento de relações cara a cara. Estamos num mundo que tem certa dureza, um desamparo, um anonimato. As grandes cidades são inóspitas, palpa-se a solidão na multidão. Paradoxalmente, a pessoa se encontra só, rodeada de uma multidão solitária. Se alguém não tem amigos ou há uns poucos, onde se encontra? A quem recorre? A quem se dirige? A ninguém, a pessoa está em perfeita solidão, no perfeito anonimato.

A pertença eclesial deve ser vivida de forma próxima, significativa e corresponsável. Nossas paróquias e instituições eclesiais têm de, cada vez mais, mostrar um rosto próximo, presente, personalizado, que faça as pessoas sentirem-se bem recebidas e acolhidas em sua individualidade. O desafio é transformar-nos numa Igreja com encanto e não com "espanto", como costumam perceber nossos semelhantes.

Quem se inicia ou se aproxima pela primeira vez não deve sentir nem experimentar distância: seja pelo espaço físico, seja por conceitos ou ritos abstratos, por desconhecimento, por falta de um ensinamento ou catequese adequados e muitas vezes, simplesmente, por falta de informações pertinentes e atraentes (cartazes, volantes, páginas da web ou outras).

Essa situação se vê agravada quando uma pessoa, qualquer que seja a razão, aproxima-se pela primeira vez de nossos centros pastorais. Outro fator, não de menor importância, é a ausência de atividades atrativas ou convocatórias para os homens e as mulheres de hoje, especialmente os jovens; para não dizer diretamente propostas aborrecidas e totalmente fora da realidade do que essas pessoas estão vivendo.

Nestes tempos de marginalidade e despersonalização, as pessoas precisam de pertença, de sentirem-se reconhecidas por seu nome, pelo que fazem, por ser vizinhas, por formarem e serem parte. Urge tornar próximo o distante. Isto também implica ter a coragem de apresentarmos uma nova concepção espacial de nossos templos e igrejas. As pessoas devem perceber que Deus é ternura e está nos esperando.

Nesse sentido, para lograr uma catequese da proximidade e cercania, seria preciso levar em conta três elementos essenciais: a pedagogia da recepção, a afetividade e os vínculos pessoais.

| Catequese da proximidade e vizinhança | pedagogia da recepção ou acolhida que recupere o valor da afetividade que valorize os vínculos pessoais |

A pedagogia da recepção ou acolhida

"Propor a fé, hoje como ontem, significa criar um clima, um ambiente que lhes faça sentir o gosto de crer e o desejo de continuar..."

Bispos do Québec

Enquanto as pessoas se aproximavam naturalmente dos templos, não havia necessidade de pensar e encarar ações para recebê-las. A sociedade era cristã e ir ao templo (convencidas ou não) era algo socialmente aceito. Hoje, as coisas mudaram, mas muitos agentes pastorais ficam com as atitudes e prejulgamentos daquela época.

É preciso tomar consciência de que a recepção e a acolhida das pessoas que se aproximam, que passam, que perguntam, são de vital importância. Para muitos – como dizíamos antes, seja qual for o motivo pelo qual se aproximem da Igreja – talvez seja a primeira experiência de contato com o cristianismo, com um cristão "concreto" (seja a secretária paroquial, um grupo de autoajuda, um sacerdote, um catequista ou um simples membro da paróquia). Se essa primeira experiência é negativa, estamos perdendo uma oportunidade enorme, e, possivelmente, essa pessoa se torne reticente a voltar com aqueles que não a receberam calorosa ou anonimamente.

Urge instalar em todas as nossas comunidades uma autêntica pedagogia da recepção ou acolhida. O primeiro passo é fazer de nossas comunidades um lugar acessível.

- **Acessível espacialmente:** procurando evitar todo tipo de barreiras arquitetônicas (pessoas com mobilidade reduzida, deficientes físicos, anciãos etc.). Acondicionando os templos e espaços paroquiais para que sejam lugares agradáveis, acolhedores, aquecidos ou ventilados o suficiente, com boas condições de som, plantas e outros objetos decorativos que sejam ao mesmo tempo esteticamente agradáveis e profundamente significativos.
- **Acessível em seus horários:** poder contar com tempos de atendimento adaptados aos homens e mulheres de hoje. Nas grandes cidades os tempos e costumes das pessoas mudaram radicalmente. Muitas de nossas comunidades continuam com seus ritmos adaptados às necessidades do século XIX. É preciso abrir os templos em outros horários e momentos, preparar as celebrações para que as pessoas possam assistir, imaginar novos horários, especialmente para os jovens. Basta, por exemplo, pensar na quantidade de jovens que perambulam pelas cidades durante a noite, os fins de semana, e averiguar que templos ou centros pastorais estão abertos nesses horários para atendê-los, recebê-los, convocá-los. Certamente nem todos têm de fazer tudo, e ações desse tipo entre as paróquias e colégios católicos de uma forania poderiam ser imaginadas... Dessa maneira, numa forania sempre haveria algum lugar aberto...
- **Acessível em comunicação:** hoje, as pessoas e sobretudo os jovens lidam com outras linguagens e com

outros meios de comunicação. Já não é concebível uma comunidade que não utilize as TIC (tecnologias da informação e comunicação) em sua tarefa pastoral. Não só tem de haver bons cartazes (atrativos, renovados e convidativos), mas que decididamente é preciso incorporar páginas da web, mensagens de texto, celulares, correios eletrônicos, redes sociais na web, para fazer circular a informação e inclusive convidar a participar por esses meios. Também não se poderia descuidar da comunicação personalizada, aproveitando distintos motivos como um aniversário, uma enfermidade, um nascimento etc.

• **Acessível culturalmente:** a comunidade deve transformar-se num lugar onde todos tenham lugar. Conceber a paróquia como a casa de todos implica derrubar as barreiras culturais, linguísticas, sociais, classistas. O que se busca é que todos possam sentir-se acomodados, à vontade, com as mesmas possibilidades de participar, numa palavra, convocados. A pessoa tem de sentir o calor humano, a hospitalidade e o convite para participar como algo natural em nossas comunidades.

Nesse sentido, a pedagogia da iniciação não se improvisa. É preciso refletir nos distintos grupos da comunidade sobre esse tema e sugerir ações concretas. Inclusive se poderiam formar grupos "ad hoc" que de alguma maneira se encarregariam do ministério da recepção ou acolhida. Contudo, sobretudo, é preciso fazer de nossas comunidades um lugar acessível emocionalmente.

> "Particularmente, no mundo urbano, é urgente a criação de novas estruturas pastorais, visto que muitas delas nasceram em outras épocas para responder às necessidades do âmbito rural."
> Documento de Aparecida, 173

Para uma catequese que recupere o valor da afetividade

"Apoiado numa maturidade humana inicial, o exercício da catequese, constantemente discernido e avaliado, permitirá ao catequista crescer em equilíbrio afetivo, em sentido crítico, em unidade interior, em capacidade de relação e de diálogo, em espírito construtivo e em trabalho de equipe."

Diretório Geral de Catequese, 239

Por muito tempo, na vida da Igreja, existiu um descuido da afetividade, tanto no cultivo da vida espiritual, como na catequese e na ação pastoral. Esta desvalorização da vida afetiva foi fruto da insuficiente captação ou, inclusive, de seu desapreço e inibição, produzindo uma nefasta separação entre o espiritual e o sensível na vida religiosa. A afetividade é comunicação e expressão de sentimentos, manifestação de carinho e, principalmente, doação de si (amor). A afetividade como parte substancial da existência humana não é acidental. O homem foi criado para amar e ser amado, para viver em comunhão.

Atualmente, não poderíamos falar de catequese ou educação na fé se não levássemos em conta uma autêntica educação ou pedagogia da afetividade. Uma genuína transmissão da fé deve colocar a afetividade humana num lugar privilegiado da vida pessoal e comunitária, reconhecendo nela um significativo sinal do amor divino, digno de ser testemunhado, vivido em plenitude. Devemos procurar um autêntico calor afetivo na transmissão da fé. Para isso, é necessário reconhecer, aceitar, aprender a manejar e educar os sentimentos.

São profundos os danos que causaram na espiritualidade e pedagogia cristãs o racionalismo intelectualista, que reduz a fé a um edifício bem estruturado de ideias, e o moralismo, com seu afã de exigir o cumprimento de normas da moral cristã, descuidando do cultivo, em primeiro lugar, da relação pessoal com o Deus vivo e com os demais. O caminho para a vida afetiva madura tem como pilares a criação de vínculos, a aquisição da confiança e o desenvolvimento de autonomia, como o viveu o próprio Jesus. A maturidade afetiva se manifesta pelo amor. A afetividade do ser humano se realiza pela comunhão com os outros e chega a ser imagem de Deus.

> Contudo, a consciência de que esse tipo de racionalidade não pode explicar tudo ganha hoje cada vez mais terreno. Os próprios homens de ciência constatam que, junto com o rigor da experimentação, é necessário outro tipo de sabedoria para poder compreender em profundidade o ser humano. A reflexão filosófica sobre a linguagem faz ver, por exemplo, que o pensamento simbólico é uma forma de acesso ao mistério da pessoa humana, inacessível de outro modo. Converte-se, assim, em indispensável um tipo de racionalidade que não divida o ser humano, que integre sua afetividade, que o unifique, dando um sentido mais integral a sua vida.
>
> *Diretório Geral para a Catequese, 20*

Para uma catequese que valorize os vínculos pessoais

"O mistério da Santíssima Trindade, revelado por Jesus, é o centro da fé cristã. O Deus revelado em Jesus Cristo é um Deus-Comunhão. Esse Deus-Comunhão de Pai, Filho e Espírito Santo é a inspiração da comunhão que somos chamados a viver. É isso que significa ser 'criado à imagem e semelhança de Deus'. Essa comunhão deve estar refletida nas relações pessoais, na convivência social e em todas as dimensões da vida, inclusive econômica, social e política, fazendo-nos irmãos, filhos do mesmo Pai. Jesus nos ensina que a vida trinitária é a fonte e meta na nossa vida e, portanto, também da catequese."

Diretório Nacional de Catequese, 100

Essa compreensão do ser humano como um ser essencialmente em comunhão, em relação com outros, assenta a base para a compreensão da afetividade humana e estabelece o princípio dialógico como a única possibilidade humana do acesso real a si mesmo e, portanto, como elemento substancial da pessoa, e por isso da vida afetiva.

A criação do ser humano, por parte de Deus, tem como ponto de partida o fato de que a dita criação é a autocomunicação para fora da Santíssima Trindade. Deus, uno e trino, é comunhão de pessoas. Assim se compreende que o homem é a primeira consequência da abertura comunial que se vive dentro da Trindade, abertura que expressa a essência trinitária que é o amor.

Trata-se de estabelecer uma autêntica *pedagogia dos vínculos*. Perder tempo com o outro, preocupar-se com suas interrogações vitais, estar atentos às necessidades dos outros. Fazer sentir bem ao outro, com gosto, levá-lo em conta, desterrando o anonimato dominical e a falta de convite a participar. Como nos transmitiu o próprio Jesus: primeiro, a vida e o espírito, e depois as normas; primeiro o risco pastoral e depois a segurança legal. As relações interpessoais fraternas, os vínculos maduros, o calor afetivo, a expressão dos sentimentos, deverão ser elementos constitutivos de toda comunidade cristã. A experiência do próximo é constitutiva do Evangelho e fundadora para a Igreja.

> "Deus é amor, não na unidade de uma só pessoa, mas na Trindade de uma só substância: é Criador e Pai misericordioso; é Filho Unigênito, eterna Sabedoria encarnada, morto e ressuscitado por nós; é finalmente Espírito Santo, que tudo move, cosmo e história, para a plena recapitulação final... As três Pessoas são um só Deus porque o Pai é amor, o Filho é amor, o Espírito é amor", e que "é todo e só amor, amor puríssimo, infinito e eterno... Todo o ser, até suas últimas partículas é ser em relação e assim faz ver o Deus-relação. Tudo provém do amor, tende ao amor e se move impulsionado pelo amor... A prova maior de que somos feitos à imagem da Trindade é esta: só o amor nos faz felizes, porque vivemos em relação e vivemos para amar e para ser amados..."
>
> *Bento XVI*
> *Angelus Dominical, 7 de junho de 2009*

Para uma nova concepção do grupo catequístico

"A catequese não prepara simplesmente para este ou aquele sacramento. O sacramento é uma consequência de uma adesão à proposta do Reino, vivida na Igreja. Nosso processo de crescimento da fé é permanente; os sacramentos alimentam esse processo e têm consequências na vida. Diante da importância de assumir uma catequese de feição catecumenal, é necessário rever, profundamente, não apenas os 'cursos de Batismo e de noivos', e outros semelhantes, mas todo o processo de catequese em nossa Igreja, para que se pautem pelo modelo do catecumenato..."

Diretório Nacional de Catequese, 50

Os modos de apresentar e organizar a catequese seguidos nos últimos anos foram muito ligados ao sistema escolar: agrupação por idades, os cursos e tempos escolares, os ritmos e etapas; mais em função de uns temas e do desenvolvimento de uns programas do que dos *processos pessoais*.

O grupo de iniciandos deverá ser concebido como uma "oficina de experiência". Isto é, como um lugar e um tempo apropriado para experimentar e aprender, com outros e junto com outros, o ser discípulo de Jesus. Isto nos leva a repensar a maneira, até agora frequente e comum, de compreender e organizar os grupos catequéticos maioritários: as crianças e adolescentes. O critério até agora mais utilizado tem sido o de inscrever na catequese segundo a idade e o curso escolar, para conformar os grupos.

Este princípio parece insuficiente, por isso será preciso pensar outro tipo de critérios na formação dos grupos catequísticos, que favoreçam o estilo de iniciação que programamos, tendo em conta a pluralidade, os diversos posicionamentos e sensibilidades diante do religioso, as diferentes etapas no processo de iniciação, as possibilidades de um melhor acompanhamento.

Cada vez é mais evidente que as pessoas e os grupos são muito diversos, o que nos obriga a propor itinerários catequísticos diferenciados segundo os indivíduos e os grupos, procurando o equilíbrio entre o individual e o comunitário. É preciso levar muito em conta o ponto de partida das pessoas e dos grupos, procurando adaptar-se aos destinatários concretos.

Essa nova concepção do grupo catequístico teria de ser levada em conta tanto para a formação dos grupos, como para o funcionamento: o estilo, o lugar e o horário das reuniões. É possível pensar em grupos de várias gerações, grupos por tarefas afins, grupos que alternem diferentes modalidades de conformação, integrados em função dos processos de iniciação que estejam indo adiante; perceber onde compartilhar, a partir de diferentes pontos de vida, a maneira de integrar-se uma comunidade no seguimento do Senhor.

Nova concepção do grupo catequístico	com propostas diversificadas catequese de várias gerações como Itinerário Permanente

Para uma catequese com propostas diversificadas

"Hoje, é necessário diversificar a oferta da Igreja particular no que se refere à catequese. É necessário sair de uma concepção linear em que os diferentes processos catequísticos se concebem como etapas sucessivas, em direção a uma organização que multiplica as entradas e os caminhos possíveis, isto é, sem que o 'mesmo destinatário tenha de percorrer os processos um atrás do outro'."

Diretório Geral de Catequese, 275

Vivemos uma cultura marcada pelo pluralismo e pela diversidade. A atividade catequética na Igreja se encontra com pessoas em diferentes mundos vitais, pois os pressupostos dos que participam da catequese são muito diferentes. Esta nova perspectiva nos obriga a estar mais atentos aos processos do que aos programas. O programa sugere sempre a ideia do fixo e estabelecido, o processo se concentra na pessoa, em sua autonomia e em seu próprio caminhar.

Isto implica uma necessária diversificação nas propostas de iniciação, a passagem da "via única" para "caminhos diferentes" de iniciação. É uma questão inevitável, por isso, é preciso ir descobrindo e ensaiando como e de que maneira realizá-la. Surge, então, a necessidade de revisar a organização, as propostas, os lugares e os itinerários tradicionais de iniciação cristã e completar os espaços comumente frequentados com novos lugares e itinerários talvez pouco experimentados até agora, mas com possibilidades catequísticas e capacidade para iniciar a experiência de fé.

Programar possíveis itinerários catequísticos uniformes para todos significaria renunciar à tarefa originária da catequese. Faz falta, portanto, uma catequese diferenciada que percorra diferentes caminhos com diferentes pessoas e grupos – segundo seus pressupostos e os contextos concretos. Nesses itinerários diferenciados, adquirem vital importância a decisão e a responsabilidade dos próprios participantes. Em todo caso, os responsáveis da pastoral teriam de se preocupar com que os diferentes itinerários se dirijam à mesma meta: Jesus Cristo.

Tudo isso acarreta a decidida vontade de experimentar novas formas de anúncio – com criatividade e seriedade –, procurando a pluralidade de modelos de pastoral catequística que responda à diversidade de realidades e atendam aos diferentes grupos, subgrupos, "tribos urbanas" etc. que surgiram no mundo atual. Isto é, não basta oferecer processos catequísticos diferenciados, inclusive para pessoas de idade semelhante. Não podemos continuar falando de modo homogêneo de crianças, de adolescentes, jovens, adultos ou famílias, medidos por uma mesma vara.

Certamente, tudo isso não quer dizer que os lugares tradicionais de aprendizagem da fé, como a família, a escola, a comunidade cristã, tenham se tornado superados, ao contrário, o que se busca é renová-los e revitalizá-los com a contribuição dos novos dados que estão marcando a realidade.

A comunidade, como lugar multiforme de aprendizagem da fé, tem de garantir num primeiro nível ofertas abertas, que constituem em grande parte um primeiro encontro com a fé. Palestras pré-batismais, entrevistas iniciais para os casais que procuram o matrimônio, os primeiros acessos aos sacramentos... Hoje, chamam a nossas portas pessoas que buscam um caminho possível, pessoas em situações vitais e de fé muito diversas, com diferentes motivações que esperam do Evangelho uma força para renovar sua vida. Aí onde acontece o primeiro encontro não deve faltar o convite para novas ofertas, até chegar a uma participação numa catequese sistemática.

> "Chegar à altura da vida nova em Cristo, identificando-se profundamente com Ele e sua missão, é um caminho longo que requer itinerários diversificados, respeitosos dos processos pessoais e dos ritmos comunitários, contínuos e graduais..."
>
> *Documento de Aparecida, 281*
>
> "O mundo moderno oferece múltiplas oportunidades para evangelização. São muitos os espaços desafiadores, sobretudo na cidade, onde a catequese precisa descobrir maneiras novas de apresentar às pessoas a proposta do Evangelho, incentivando a descoberta dos apelos de Deus no mundo moderno..."
>
> *Diretório Nacional de Catequese, 145*

Para uma catequese de várias gerações

"É importante que a catequese das crianças e dos jovens, a catequese permanente e a catequese dos adultos não sejam espaços fechados e sem comunicação. O que mais importa é que entre elas não exista ruptura. E mais, é necessário favorecer sua perfeita complementaridade: os adultos têm muito que dar aos jovens e às crianças no que se refere à catequese mas também eles podem receber muito da catequese para o crescimento de sua própria vida cristã."

Catechesi Tradendae, 45

A catequese de várias gerações[6] se entende como um processo catequístico comum destinado a todas as idades, de onde confluem a catequese de iniciação e a educação permanente, para um testemunho e acompanhamento mútuos para a maturidade da fé. As características e dinâmicas da catequese de várias gerações permitem esboçar caminhos de resposta ao problema da transmissão e proposta da fé, revitalizando os projetos pastorais e a potenciação dos laços humanos, tanto no âmbito da família como da sociedade e das comunidades.

A variedade de gerações não se limita a "estar juntos" numa mesma atividade, mas a viver em grupo – de distintas idades – um processo consciente, no qual todos compartilham suas experiências e aprendizagens e se responsabilizam mutuamente pelo crescimento humano e espiritual. O desafio das comunidades cristãs é estabelecer um diálogo entre as gerações com vistas a catequizar todos e cada um, uns pelos outros.

No encontro de várias gerações não é a idade que determina o papel de quem sabe ou não sabe, mas a profundidade da vivência espiritual e humana da fé. De fato, o

---

[6] Extrato do livro: *Catequesis Intergeneracional*, de Isabel Azevedo de Oliveira.

episódio de Jesus entre os doutores da Lei (Lc 2,41-52) é interessante do ponto de vista da variedade de gerações. No relato, são a sabedoria e a maturidade espiritual que determinam quem oferece o testemunho de fé e quem o recebe. A fé e a coerência do adulto confirmam e atestam a fé e a simplicidade do menino que descobre Jesus Cristo e recorda ao adulto que o essencial vai além do ter, do poder e da fama.

A família é por excelência o lugar do encontro entre gerações. As exigências da sociedade pós-moderna tornam quase impossíveis o encontro e a partilha. Pressionados pela maquinaria econômica e social, os laços familiares se limitam a um "estar juntos" em momentos obrigatórios. A catequese de várias gerações, nesse sentido, perfila-se como potencialmente rica e prometedora. Neste dinamismo se enquadra o processo em que a família redescobre e assume sua identidade e função de "Igreja doméstica".[7]

A catequese de várias gerações, organizada para todas as idades, pode realizar-se ocasional e sistematicamente, em situações e espaços variados, nas paróquias ou outros centros pastorais. Permite desenvolver a noção de comunidade como grupo em processo de amadurecimento cristão, proporcionando um espaço de interpelação e formação mútuo e, ao mesmo tempo, tornando-se um espaço missionário.

---

[7] Vaticano II. Constituição *Lumen Gentium*, 11.

Sempre será preciso cuidar para que a catequese de várias gerações não seja num só sentido: de mais idade para os mais jovens, dos maiores para os menores, mas será necessário procurar instalar um espaço de comunicação circular, onde todos aprendamos de todos e cresçamos juntos na fé. No mesmo Evangelho Jesus pede aos adultos que olhem as crianças (Mt 10,15). A delicadeza de seu ser é uma lição de vida para os adultos.

Essa catequese congrega pessoas de idades diferentes em que os laços podem ser de ordem fraternal ou familiar. É o lugar da memória, o tempo em que se folheia e se olha o "álbum familiar" para conseguir descobrir as raízes, encontrar os porquês da história pessoal, familiar e eclesial; desenvolver o espírito de pertença e criar laços; amadurecer a fé; celebrar o encontro e amar a comunidade.

> "A catequese de adultos, ao ser dirigida a pessoas capazes de uma adesão plenamente responsável, deve ser considerada como a forma principal de catequese, à qual todas as demais, sempre certamente necessárias, de alguma maneira se ordenam. Isto implica que a catequese das outras idades deve tê-la como ponto de referência e articular-se com ela num projeto catequético coerente de pastoral diocesana."
>
> *Diretório Geral para a Catequese, 59*

> "A catequese conforme as idades é uma exigência essencial para a comunidade cristã. Leva em conta os aspectos tanto antropológicos e psicológicos, como teológicos, para cada uma das idades. É necessário integrar as diversas etapas do caminho de fé. Essa integração possibilita uma catequese que ajude cada um a crescer na fé, na medida em que vai crescendo em outras dimensões de sua maturidade humana e tendo novos questionamentos existenciais. O adulto que precisa de catequese não é só aquele que não a recebeu em outras faixas etárias. Todos precisam continuar progredindo na fé e no conhecimento do Senhor: 'Sempre mais se impõe uma educação permanente da fé que acompanhe o ser humano por toda a vida e se integre em seu crescimento global'."
>
> *Diretório Nacional de Catequese, 180*

Para uma catequese como itinerário permanente

"A catequese não deve ser só ocasional, reduzida a momentos prévios aos sacramentos ou à iniciação cristã, mas sim 'itinerário catequético permanente'. Por isso, compete a cada Igreja particular, com a ajuda das Conferências Episcopais, estabelecer um processo catequético orgânico e progressivo que se estenda por toda a vida, desde a infância até à terceira idade..."

Documento de Aparecida, 298

Os sacramentos devem transformar-se em ponto de partida e não de chegada da catequese, balizando um itinerário sacramental que ajude a pessoa e a comunidade a participar plenamente. O desafio urgente que se nos apresenta é dar passos para que a catequese deixe de ser concebida como o requisito, a condição ou a etapa pelos quais é preciso atravessar para conseguir o sacramento em questão, com o qual, uma vez conseguido, se conclui a tarefa. A catequese apresentada como "caminho permanente" reclama uma proposta diversificada, ao mesmo tempo que integradora e harmônica dos diversos momentos, idades, itinerários, ritmos de amadurecimento, acentuações, donde seja possível uma catequese para todas as idades e grupos.

Em consequência, teremos de ir tomando decisões, dando passos e usando meios oportunos para que a catequese se compreenda e se realize de maneira habitual como um caminho permanente. A educação permanente da fé se dirige não só a cada cristão, mas também à comunidade cristã como tal. A adesão a Jesus Cristo, de fato, dá origem a um processo de conversão permanente que dura toda a vida.[8]

---

[8] DGC, 70-71.

Propor hoje a fé não é tanto pretender dar cursos ou conteúdos quanto sugerir itinerários de vida, convidar a dar alguns passos no sentido do Evangelho, como quem faz um trecho do caminho, como quem descobre pouco a pouco um país, um território novo, desconhecido. Um itinerário pessoal é uma experiência vivida com ressonâncias em todo o ser e em todos os planos: físico, intelectual, afetivo, espiritual. Um itinerário pessoal é mais que um conjunto de atividades ou estratégias pedagógicas, é uma imersão na realidade, da qual se sai em parte transformado. Por isso, a fé se aprende fundamentalmente no modo de uma experiência compartilhada, de um processo realizado na companhia de outros, irmãos e irmãs, cujo ânimo e força para viver se inspiram no Evangelho. A catequese, então, há de ser percebida não como um momento concreto, mas como uma realidade que se torna ao longo da vida como um *processo de iniciação permanente*.

Aquele momento mistagógico do modelo catecumenal unido à convicção de que a evangelização há de ser um processo contínuo de atualização derivou na conformação do que hoje conhecemos como Itinerário Catequístico Permanente.

> "O caráter continuado da formação (cf. FC 80). Somos aprendizes, a vida inteira. É preciso elaborar projetos claros de formação continuada, respeitando os níveis dos catequistas, por meio de encontros, de livros e da Palavra de Deus, congressos, jornadas, grupos de estudo, escolas..."
>
> *Diretório Nacional de Catequese*, 277

Para uma catequese que descubra novos tempos e lugares adaptados ao homem de hoje

"Esse fenômeno nos desafia profundamente a imaginar e organizar novas formas de nos aproximar deles para ajudá-los a valorizar o sentido da vida sacramental, da participação comunitária e do compromisso cidadão."

Documento de Aparecida, 286

O desafio que faz alguns anos apresentava a nós catequistas de Buenos Aires o Cardeal Bergoglio de "sair das covas"[9] é cada vez mais estimulante e urgente. Por uma parte, é preciso pensar em novos espaços e tempos fora do âmbito paroquial ou escolar e, ao mesmo tempo, é necessário "usar" as escolas, as paróquias, os centros pastorais.

Temos de nos animar a repensar a maneira tradicional de estruturar nossas paróquias e centros pastorais. Inclusive teríamos de modificar a concepção de paróquia como "lugar geográfico" para passar a uma concepção de paróquia como "lugar habitado ou transitado" pelas pessoas.

Para isso, é preciso ter a coragem de examinar todas as nossas práticas e estruturas paroquiais, resgatando o bom e valioso e descartando o superado. Ao mesmo tempo, temos de nos animar a criar e experimentar novas estruturas e espaços adaptados aos tempos e horários do mundo atual, mas, sobretudo, adaptados à nova situação do homem

---

[9] Bergoglio, Cardeal Jorge sj. *Carta aos Catequistas*, agosto 2007.

pós-moderno, com suas buscas, ilusões, luzes e sombras. A criação de lugares e tempos em que se faça o que se diz, em vez de dizer o que se deve fazer, possibilitando a real escolha de caminhos e métodos de acordo com a realidade da comunidade. Devemos permanentemente nos perguntar: de que modo se oferecem na catequese diferentes espaços, horários, lugares, caminhos, atendendo às diferentes situações de vida e de fé das pessoas? Estamos chegando a todos os que estão nos caminhos?

Novos tempos e lugares	A pastoral urbana
Adaptados	A era digital
Mundo de hoje	A religiosidade popular

Para uma catequese que assuma a pastoral urbana como forma de encarnar-se nas grandes cidades

"A catequese no ambiente urbano leva em conta uma ampla variedade de situações, que vai desde o bem-estar à situação de pobreza e marginalização. O ritmo de vida da cidade, com seu próprio tipo de luta pela sobrevivência, frequentemente é estressante; crescem situações de afastamento da Igreja, desinteresse, anonimato e solidão. O cristianismo nascente, historicamente, desenvolveu-se nas grandes cidades; hoje também o mundo urbano (com seus conjuntos, condomínios, periferias e favelas) merece atenção especial da Igreja, pois a maioria da população concentra-se nas cidades. Isso requer algo mais criativo, diferente de nossas habituais rotinas pastorais, com nova linguagem e uma dedicada disposição de ir ao encontro desses interlocutores."

Diretório Nacional de Catequese, 214

Neste mundo plural e globalizado, as grandes cidades manifestam umas complexidades culturais e sociológicas insuspeitadas. A cidade se converteu no lugar próprio de novas culturas que estão se gestando e se impondo com uma nova linguagem e uma nova simbologia. Esta mentalidade urbana se estende também ao âmbito rural. No mundo urbano acontecem complexas transformações socioeconômicas, culturais, políticas e religiosas que causam impacto em todas as dimensões da vida.[10]

Na cidade convivem diferentes categorias sociais, tais como as elites econômicas, sociais e políticas, a classe média com seus diferentes níveis e a grande multidão dos pobres, as tribos urbanas, incluídos e excluídos... Nela coexistem binômios que desafiam cotidianamente: tradição-modernidade, globalidade-particularidade, inclusão-exclusão, personalização-despersonalização, linguagem secular-linguagem religiosa, homogeneidade-pluralidade, cultura urbana-pluriculturalismo.

A fé nos ensina que Deus vive na cidade, no meio de suas alegrias, anelos e esperanças, como também em suas

---

[10] Sobre o tema de Pastoral Urbana, ver o *Documento de Aparecida*, 509-519.

dores e sofrimentos. As sombras que marcam o cotidiano das cidades, como violência, pobreza, individualismo e exclusão, não podem impedir-nos que busquemos e contemplemos o Deus da vida também nos ambientes urbanos. As cidades são lugares de liberdade e oportunidade. Nelas as pessoas têm a possibilidade de conhecer mais pessoas, interagir e conviver com elas. Nas cidades é possível experimentar vínculos de fraternidade, solidariedade e universalidade.

É preciso procurar um estilo catequístico adequado à realidade urbana. Para isso, a catequese terá de se abrir a novas experiências, estruturas, estilos, meios de comunicação, tecnologias, linguagens que possam encarnar o Evangelho na cidade, apostando intensamente na formação de comunidades ambientais, integradas em nível supraparoquial e diocesano. Os catequistas terão de buscar novas formas, novos lugares, novos estilos de fazer presente o Reino no meio da grande cidade. A catequese teria de se converter na "vanguarda" da Igreja, chegando aonde outros não chegam ou não se atrevem a ir, para que os habitantes dos centros urbanos e suas periferias, crentes ou não crentes, possam encontrar-se com Cristo, especialmente nas novas concentrações humanas que crescem aceleradamente nas periferias urbanas das grandes cidades por efeito de migrações internas e situações de exclusão.

A catequese também deve dar uma resposta à solidão, às grandes feridas psicológicas que muitos nas cidades sofrem, tendo em conta as relações interpessoais e, de certa maneira, fazendo sentir que a cidade é um conjunto, é um todo. Uma catequese que saiba responder à afetividade de seus cidadãos e, numa linguagem simbólica, saiba transmitir o Evangelho a todas as pessoas que vivem na cidade.

> "A educação da fé hoje há de ter muito em consideração os ambientes ou contextos de vida, porque é neles que cada pessoa vive sua existência, deles recebe grande influência e neles por sua vez exerce a sua, e neles desenvolve suas próprias responsabilidades... Em geral e à maneira de exemplo, convém recordar dois ambientes da maior importância, o rural e o urbano, que exigem formas diferenciadas de catequese.
>
> A catequese no meio rural há de refletir as necessidades do mesmo âmbito, necessidades que com frequência estão unidas à pobreza e à miséria, e, às vezes, a medos e superstições; mas também o ambiente rural é rico em experiências de simplicidade, de confiança na vida, de sentido da solicitude, de fé em Deus e fidelidade às tradições religiosas.
>
> A catequese no meio urbano há de ter em conta uma ampla variedade de situações, que vão desde as de bem-estar às de pobreza e marginalização. O ritmo próprio de vida da cidade é a miúdo fonte de estresse, de grande mobilidade, de sugestivas chamadas à evasão e ao desinteresse, onde é frequente a situação de anonimato e de solidão."
>
> *Diretório Geral para a Catequese, 192*

Para uma catequese imersa na era digital

"É grande a força da comunicação moderna, na formação da opinião pública e das convicções das pessoas. A Igreja mesma a valoriza como meio importante para a evangelização. Contudo, cabe-lhe, em seu profetismo, zelar para que o uso da mídia esteja a serviço da pessoa e dos valores humanos. Nesse propósito, a catequese, como comunicação da Boa Notícia e dos valores que dela derivam para a felicidade humana, é importante ajuda na educação do senso crítico em relação à mídia. À luz dos valores do Evangelho estimula os fiéis a serem protagonistas da comunicação cristã... A catequese necessita aproveitar as novas conquistas tecnológicas, pedagógicas e científicas para o anúncio do Evangelho..."

Diretório Nacional de Catequese, 88 e 295

O tema da **nova cultura digital** emergente merece uma análise algo mais extensa pela magnitude e profundidade das mudanças que está produzindo na concepção do mundo e da Igreja.

A cultura digital, especialmente a internet, definida como a rede das redes, está mudando de maneira radical a comunicação e a cosmovisão do mundo atual. Através dela, centenas de milhões de usuários intercambiam cada dia todo gênero de mensagens, informação, imagens, acessam documentos, participam de grupos temáticos, encontram-se e comunicam. Tudo isso tem lugar superando os confins nacionais, raciais, políticos, sociais, espaciais e temporais.[11] Com a internet, abriu-se um processo de descentralização dos centros de poder e controle da comunicação, como nunca havia ocorrido.

Acerca da cultura digital

A cultura digital pode ser definida como a passagem de uma cultura de massa com controles centralizados para uma cultura descentralizada, desestruturada, personalizada em mudança permanente. Estamos assistindo a uma grande transição cultural (e, por isso, religiosa). A cultura digital possui uma propriedade muito importante que é sua capacidade de integrar conjuntamente linguagens diversas, e é, portanto, cultura das copresenças antitéticas, ao mesmo tempo que fomenta uma contínua evolução e tensão entre ordem e caos ou, dito em termos mais cristãos, entre o "já sim, mas ainda não".

Por uma parte, a cultura digital favorece o pluralismo graças a sua ductilidade, mas, por outra, a passagem fácil em tempo real de imagens e fantasias, sons e palavras, informações e interpretações, fomentam naturalmente a exportação das culturas mais fortes economicamente, provocando assim um efeito de globalização e portanto de homologação.

---

[11] Nesse parágrafo, seguiremos Fabio Pasqualetti, professor de teoria e técnicas da rádio na Faculdade de Ciências da Comunicação da Universidade Salesiana de Roma. Seus trabalhos podem ser vistos em <http://www.misionjoven.org ou www.isca.org.ar>.

Não obstante, por sua própria natureza, a cultura digital está desestruturada e descentrada, permitindo assim a resistência diante do domínio cultural dominante e abrindo espaços de resistência.

Internet é também o lugar das discriminações para quem não tem acesso ou para quem não está alfabetizado digitalmente. A cultura digital introduz a difícil questão do acesso à tecnologia, que é antes de tudo uma questão de justiça e de distribuição do poder econômico entre os países em vias de desenvolvimento e os países tecnologicamente avançados.

Inclusive, se a tecnologia pode parecer complexa e hostil, o verdadeiro problema é cultural e eclesiológico. É, de fato, o modelo estrutural comunicativo de internet que propõe um modo de construir a comunicação através do diálogo e da participação dos indivíduos e da comunidade virtual. Em sua caótica contrariedade, a internet favorece um modelo comunicativo circular que cria um fluxo permanente de diálogo.

A metáfora mais fascinante de Internet é a navegação. No mar da rede todos se sentem como Ulisses, exploradores de um mundo incomensurável e inabarcável. Uma ulterior característica é a desterritorialização, que se experimenta através da navegação. A cultura digital superou a ideia de fronteira regional, nacional, continental. É um prolongar-se até os confins do mundo, é falar de acesso, contato, conexão, prolongação, em todas as partes onde quer que haja um terminal conectado à rede.

Uma coisa é certa: a cultura digital nos questiona e nos provoca em nossa condição de ser homens e mulheres, na maneira de ver a vida, no modo de nos inserir na sociedade do século XXI e, obviamente, na forma de encarnar e anunciar o Evangelho.

Desafios que apresenta a cultura digital à catequese e à pastoral

A primeira constatação é que a crise institucional religiosa não suprimiu nas pessoas o anelo do sagrado. A tentação para muitos catequistas e animadores pastorais é buscar novas modalidades tecnocomunicativas para sua missão, sem se perguntar em que medida estas terão uma repercussão positiva ou negativa na realização dos objetivos pastorais. A oferta religiosa continua sendo pujante, com grande surpresa de quantos prognosticavam o ocaso de Deus e das religiões. A internet, de maneira especial, chegou a ser o areópago das mais variadas propostas religiosas e pseudorreligiosas, numa medida jamais vista até agora.

A novidade reside na flexibilidade, interatividade e não centralidade da internet, de tal maneira que pessoas de qualquer credo podem entrar em contato com outras de confissões distintas, dialogar e ponderar as ofertas que outras religiões ou cultos oferecem. Surgem desse modo comunidades virtuais, lugares e espaços de oração, para o cultivo e a formação pessoal, que atravessam as fronteiras de qualquer igreja local, diocese ou nação.

O conceito de verdade objetiva traz consigo a ideia de algo imutável e constante que perdura no tempo. Nesse sentido, a cultura digital instalou a ideia de passar de uma verdade objetiva para uma subjetiva, que se constrói dia a dia. Também a Igreja Católica se encontra num momento delicado de confrontação com uma cultura aberta às possibilidades, à descentralização, à personalização, à mudança. Os sinais de crise já se advinham em todo o setor linguístico: desde a linguagem teológica até o ritual e sacramental, passando pela arquitetura dos templos, nota-se com frequência a dificuldade de comunicar e dialogar com a cultura.

A cultura digital é cultura de ação, de participação, de interação. É cultura de processos que devem permitir aos indivíduos e à comunidade o poder atuar, comunicar e construir. Envolver as pessoas na programação de um projeto pastoral é muito mais importante que realizá-lo, em especial com os jovens. A cultura digital é cultura de encontro. Com o conceito de "desterritorialização", quer se superar a necessidade do lugar físico, pois o que interessa é a atividade que põe em relação os participantes no encontro. Se a Igreja não funciona como lugar de encontro, trata-se de ir aonde as pessoas se encontram.

Dando por descontado que as relações comunicativas por excelência para a ação educativa, pastoral e catequética são as relações interpessoais e comunitárias, as formas mediadoras de comunicação podem ajudar de diversos modos complementares a integrar a missão evangelizadora da Igreja. A internet pode ser uma linguagem excelente para a partilha de recursos, para a discussão temática através dos fóruns e do chat, para a atualização e a educação religiosa à distância. Pode ser um lugar de denúncia e de contínua militância acerca dos problemas humanos e de sua dignidade. A internet pode ser um lugar de encontro e de proposta para os habitantes do ciberespaço, e, por que não, um lugar de encontro e primeiro anúncio de que Jesus ressuscitou...

> "A internet, vista dentro do panorama da comunicação social, deve ser entendida como uma das 'maravilhosas invenções da técnica'... Para a Igreja, o novo mundo do espaço cibernético é uma exortação à grande aventura da utilização de seu potencial para proclamar a mensagem evangélica... A internet pode oferecer magníficas oportunidades de evangelização, se usada com competência e clara consciência de suas forças e fraquezas.
>
> Visto que a exclusão digital é evidente, as paróquias, comunidades, centros culturais e instituições educacionais católicas poderiam ser estimuladoras da criação de pontos de rede e de salas digitais para promover a inclusão, desenvolvendo novas iniciativas e aproveitando, com olhar positivo, as que já existem."
>
> *Documento de Aparecida, 487, 488, 490*

*Para uma catequese que integre e valorize
a religiosidade popular*

"Requer-se, pois, uma catequese que, assumindo tal riqueza religiosa, seja capaz de perceber suas dimensões interiores e seus valores inegáveis, ajudando-a a superar os riscos de fanatismo, de superstição, de sincretismo e de ignorância religiosa. Bem orientada, esta religiosidade popular pode ser cada vez mais, para nossas massas populares, um verdadeiro encontro com Deus em Jesus Cristo."

Diretório Geral para a Catequese, 195

Durante muito tempo, muitos agentes de pastoral e catequistas não souberam valorizar suficientemente a religiosidade popular. Muito pelo contrário, religiosidade popular constitui um verdadeiro espaço de encontro com Jesus Cristo.

A religiosidade ou piedade populares refletem uma sede de Deus que somente os pobres e simples podem conhecer.[12] A religião do povo latino-americano é expressão da fé católica, é um catolicismo popular,[13] profundamente inculturado, que contém a dimensão mais valiosa da cultura de nossos povos. Esta maneira de expressar a fé está presente de diversas formas em todos os setores sociais, numa multi-

---
[12] EM 48.
[13] DP 444.

dão que busca honestamente a Deus e que merece todo o nosso respeito e carinho.

Aí o crente celebra o gozo de sentir-se imerso no meio de tantos irmãos, caminhando juntos para Deus que os espera. O olhar do peregrino se deposita sobre uma imagem que simboliza a ternura e a proximidade de Deus. Um breve instante condensa uma viva experiência espiritual. Aí, o peregrino vive a experiência de um mistério que o supera, não só o da transcendência de Deus, mas também o da Igreja, que transcende sua família e seu bairro. Nos santuários, muitos peregrinos tomam decisões que marcam suas vidas.

Não podemos desvalorizar a espiritualidade popular ou considerá-la um modo secundário da vida cristã, porque seria esquecer o primado da ação do Espírito e a iniciativa gratuita do amor de Deus. Na piedade popular se contêm e se expressam um intenso sentido da transcendência, uma capacidade espontânea de apoiar-se em Deus e uma verdadeira experiência de amor teologal.

A piedade popular penetra delicadamente na existência pessoal de cada fiel e, embora também se viva numa multidão, não é uma "espiritualidade de massas". Em distintos momentos da luta cotidiana, muitos recorrem a algum pequeno sinal do amor de Deus: um crucifixo, um rosário, uma vela que se acende para acompanhar um filho em sua doença, um Pai-nosso murmurado entre lágrimas, um olhar íntimo para uma imagem querida de Maria, um sorriso dirigido ao Céu em meio a uma alegria simples. A piedade popular é um imprescindível ponto de partida para conseguir que a fé do povo amadureça e se faça mais fecunda.[14] Por essa razão, o catequista ou o discípulo missionário tem de ser "sensível a ela, saber perceber suas dimensões interiores e seus valores inegáveis".[15]

> "É verdade que a fé que se encarnou na cultura pode ser aprofundada e penetrar cada vez mais na forma de viver de nossos povos. (...) Por isso, nós a chamamos espiritualidade popular. Isto é, uma espiritualidade cristã que, sendo um encontro pessoal com o Senhor, integra muito o corpóreo, o sensível, o simbólico e as necessidades mais concretas das pessoas. É uma espiritualidade encarnada na cultura dos simples, que nem por isso é menos espiritual, mas que o é de outra maneira... A piedade popular é uma maneira legítima de viver a fé, um modo de se sentir parte da Igreja e uma forma de ser missionários, onde se recolhem as mais profundas vibrações da América Latina."
>
> *Documento de Aparecida, 258-266*

---

[14] Congregação para o Culto Divino e a Disciplina dos Sacramentos. *Diretório sobre a piedade popular e a Liturgia*, n. 64.

[15] EM 48.

PARA UMA CATEQUESE COM INTENSA E PROFUNDA VIDA CRISTÃ

"A catequese, começando pela iniciação cristã e chegando a se constituir num processo de formação permanente, é caminho de encontro pessoal e comunitário com Jesus Cristo. Quem se encontra com Ele, põe-se a caminho em direção aos irmãos, à comunidade e à missão, e faz a experiência do discipulado, como seguimento do Caminho, onde Cristo faz o coração arder e o discípulo mergulhar nas Escrituras, na liturgia, no conhecimento e vivência da fé, na ação evangelizadora, na participação eclesial, no engajamento pastoral e no compromisso social."

Dom Geraldo Lyrio Rocha[16]

A simples vista, este subtítulo pareceria uma obviedade ou, ao menos, uma consequência lógica e natural da catequese. Contudo, precisamente, o que hoje nos está sendo pedido é um claro testemunho de vida cristã. A catequese – mais que nunca –, além de preocupar-se em transmitir os conteúdos da fé, tem de se ocupar em fazê-los viver com intensidade. A vida cristã deve ser percebida como um caminho possível para as pessoas. A catequese tem de se ligar de cheio à vivência do essencial do cristianismo.

---

[16] III Semana Brasileira de Catequese. Itaici (SP), 7 de outubro de 2009. Disponível em: <http://www.cnbb.ogr.br>.

> Catequese
> com intensa
> e profunda
> vida cristã
>
> Centralidade da Palavra de Deus como lugar, escola e caminho de Oração
> Liturgia como caminho de Iniciação cristã,
> que recupere modelos de vida que valem
> a pena ser vividos,
> que revele o Rosto Materno da Igreja

*Para uma catequese que expresse e viva
a centralidade da Palavra de Deus*

"É condição indispensável o conhecimento profundo e vivencial da Palavra de Deus. Por isso, é preciso educar o povo na leitura e na meditação da Palavra: que ela se converta em seu alimento para que, por própria experiência, veja que as palavras de Jesus são espírito e vida (cf. Jo 6,63). Do contrário, como vão anunciar uma mensagem cujo conteúdo e espírito não conhecem a fundo? Temos de fundamentar nosso compromisso e toda a nossa vida na rocha da Palavra de Deus."

Bento XVI

O movimento do dom e da acolhida da Palavra conduz a uma transformação maior do papel da testemunha, do catequista ou do pastor, que já não é o que "sabe", o que "enuncia" a partir de um plano de autoridade, mas é o que encontrou o caminho do dom e da acolhida em si mesmo e acompanha outros na busca desse caminho da Palavra.

É preciso levar todos ao contato com a Palavra de Deus. O conhecimento e a formação bíblica são essenciais. Contudo, o que mais deveria procurar a catequese é a interpelação, a mudança de coração, iluminar a própria vida a partir da Palavra de Deus. Esta comunhão com a Palavra é a "primeira mesa" onde se partilha o pão da vida; a segunda é a vida sacramental. A fonte de onde a catequese tira sua mensagem é a mesma Palavra de Deus: a catequese extrairá sempre seu conteúdo da fonte viva da Palavra de Deus, transmitida mediante a Tradição e a Escritura, dado que a Sagrada Tradição e a Sagrada Escritura constituem o único depósito sagrado da Palavra de Deus confiado à Igreja.[17]

Catequese significa fazer ressoar a Palavra, o que supõe que o ato catequético integra uma relação pessoal, uma escuta, um caminhar para o encontro face a face. Como escutar a Palavra de Deus de modo que nos deixemos transformar por ela? Como voltar a encontrar o caminho de sua palavra como eco e manifestação da encarnação do Verbo?

A Bíblia ensina um caminho de vida em comunhão com os demais, como filhos e filhas do Pai, em Jesus, pelo Espírito (Jo 17,26; 1Jo 4,16-20).

Revela-se como uma Palavra assombrosamente atual, de uma fecundidade sempre nova ao longo dos séculos. A

---
[17] *Diretório Geral para a Catequese*, 94.

Palavra nasce desde sempre da confluência entre a experiência humana e presença ativa de Deus. Acolhida primeiro no coração da vida, partilhada na fraternidade dos irmãos e irmãs crentes, escutada nos relatos bíblicos das primeiras testemunhas, proclamada e meditada na oração comunitária, a Palavra convoca, interpela, ilumina, reconforta, impulsiona sem cessar.[18] Esta fecundidade é a que se teria de experimentar numa catequese centrada na Palavra de Deus.

> "O povo ama a Bíblia e gosta de ouvir o que diz a Palavra de Deus na liturgia, em grupos ou na oração pessoal. A Palavra de Deus é exigente, mas traz também estímulo, confiança, alimento para a fé. Ela é fonte de alegria mesmo em momentos difíceis... O importante é chegar à meta: ouvir o que Deus quer nos dizer. Ler um texto bíblico é aprofundar o sentido da vida... Quanto mais experiência de vida e vivência de fé, mais a pessoa penetra a mensagem bíblica. O importante mesmo é o posicionamento do leitor: lemos a Bíblia como a lê nossa Igreja: na perspectiva doutrinal, moral e evangélico-transformadora... a partir dos desamparados, nos quais Deus quer ser servido. A leitura da Bíblia não é mera questão de técnicas: é uma opção de vida, fruto do dom do Espírito..."
>
> *Diretório Nacional de Catequese, 110*

---

[18] Bispos de Québec. *Propor a fé aos jovens*, 4.3.

*Para uma catequese como lugar, escola
e caminho de oração*

"Ensinar a orar. A comunhão com Jesus Cristo leva os discípulos a assumir o caráter orante e contemplativo que teve o Mestre. Aprender a orar com Jesus é orar com os mesmos sentimentos com que se dirigia ao Pai: adoração, louvor, ação de graças, confiança filial, súplica, admiração por sua glória... Este clima se faz particularmente necessário quando os catecúmenos e os catequizandos se enfrentam com os aspectos mais exigentes do Evangelho e se sentem débeis ou quando descobrem maravilhados a ação de Deus em suas vidas."

Diretório Geral para a Catequese, 85

Orar é, sem dúvida, o ato humano – simplesmente humano ou religioso – mais extenso. Será preciso reconhecer, então, que a oração assim, de saída, é ecumênica. A aprendizagem e o exercício da oração cristã constituem uma longa pedagogia que consiste, sob a ação do Espírito, em fazer nascerem em nós o pensamento e os costumes do Evangelho.[19]

Neste sentido, a catequese deve ser profundamente iniciática, geradora de experiências de oração, em que a iniciação ao silêncio e à oração pessoal se constitua em

---

[19] *15 Novos Caminhos para a Catequese*, p. 18.

elementos centrais da proposta. Rezar se aprende rezando. O gosto pela oração contagia, transmite-se e mostra-se aos outros mediante a alegria que dá o viver na presença de Deus.

A necessidade que a pessoa tem de admirar o absoluto parte de seu afã de grandeza, de sua necessidade sobrenatural de Deus, de seu desejo de transcendência. Deus aparece, então, como a plenitude da criatura, como um ser que responde às necessidades últimas de sua natureza e de sua vida. A tomada de consciência da relação com seu Deus marca a necessidade de oração. A oração pessoal e silenciosa é talvez a máxima expressão do amor entre a criatura e seu Criador. A oração não será outra coisa que o diálogo amoroso entre duas pessoas que se amam.

Sem espaços de oração pessoal, de oração silenciosa, não há oração nem autêntica catequese. Deste modo, Deus não será algo impessoal ou abstrato. Deus será "seu Deus", que o criou, que o escolheu e o ama pessoalmente. A própria catequese deve ser vivida como caminho de oração pessoal e comunitária, que leve ao diálogo e encontro com o Deus vivo, procurando, sobretudo, falar "com Deus", além de sua função tradicional que consistia em falar "de" Deus.

Dessa maneira, descobrir-se-á a oração na própria vida e na catequese. Se não se desperta o desejo de orar, a catequese perde sentido. O próprio Jesus necessitava retirar-se para estar a sós com seu Pai. A catequese deve incorporar na vida de toda pessoa a atitude do orante, de disponibilidade e acolhida diante da grandeza de Deus. A oração pessoal e comunitária é o lugar em que o discípulo, alimentado pela Palavra e pela Eucaristia, cultiva uma relação de profunda amizade com Jesus Cristo e procura assumir a vontade do Pai. A oração diária é um sinal do primado da graça no itinerário do discípulo missionário. Por isso é necessário aprender a orar, voltando sempre de novo a aprender esta arte dos lábios do Mestre.[20]

> "O caminho da oração interior é o caminho da interioridade, o caminho do coração... A oração é a miúdo a primeira prática íntima, a que faz brotar o Espírito no fundo dos corações, às vezes muito antes das outras condutas. É igualmente a prática mais viva, a que permanece mais tempo, quando as demais já foram esquecidas. A oração alimenta, ensina a beber no próprio poço, na própria fonte... e a pressentir nela o gosto da eternidade."
>
> *Bispos de Québec*
> *Propor hoje a fé aos jovens, 4.4*

---

[20] *Documento de Aparecida*, 255.

*Para uma catequese que viva a Liturgia
como caminho de Iniciação Cristã*

"O ser humano é, por natureza, ritual e simbólico... Pelo rito, expressamos o sentido da vida, oferecido e experimentado por um ser cultural. Aderir ao rito significa abrir-se ao sentido proposto por aquele grupo e, portanto, assumir sua identidade, fazer parte dele. A observância do mandamento de Jesus: "Fazei isto em memória de mim" possibilita a adesão, sempre renovada e reforçada em cada celebração, à identidade com Ele e à comunidade cristã... A expressão ritual trabalha com ações simbólicas e estas atingem o ser humano como um todo, em suas diversas dimensões: sensorial, afetiva, mental, espiritual, individual, comunitária e social. A ligação estreita que existe entre experiência, valores e celebração nos permite formular uma espécie de lei estrutural da comunicação religiosa: aquilo que não é celebrado não pode ser apreendido em sua profundidade e em seu significado para a vida. A catequese leva em conta essa expressão de fé pelo rito para desenvolver também uma verdadeira educação para a ritualidade e o simbolismo."

Diretório Nacional de Catequese, 116

Um elemento essencial da comunicação com a Igreja é a participação na liturgia. A liturgia integra e atualiza as diferentes dimensões da vida cristã. Sendo distinta da catequese, constitui sua própria mediação essencial.

O novo paradigma supõe uma liturgia mais convocadora e acolhedora, comunitária e participativa, personalizada e personalizante, alegre e com sentido de festa, isto é, celebrativa. Dessa maneira, a liturgia transforma-se em premissa, detonadora, terreno de cultivo e meta da catequese. A iniciação ao mistério da fé cristã, através da imersão no banho litúrgico, exige considerá-la também como um ato comunicativo, ao mesmo tempo que mistagógico.

Para que a liturgia assuma uma autêntica força ativa e convocadora, deve fazer ver e saborear, provar e experimentar o mistério pascal. Urge recuperar a arte de celebrar a liturgia e o valor do simbólico. Se a liturgia é o lugar que pode favorecer o contato com o mistério, é fundamental dar uma grande atenção à maneira de celebrá-la, acompanhada de uma catequese permanente e recriada sobre os sinais e símbolos litúrgicos. A dimensão ritual e simbólica integra o corpo e os sentidos estruturando a identidade do crente.

É preciso destacar com clareza o específico valor catequético da liturgia: não só antes, mas dentro e através da celebração litúrgica. Para participar nas celebrações litúrgicas é muito importante conhecer os símbolos e sinais litúrgicos de maneira consciente, de forma que falem por si mesmos. A liturgia deve favorecer um processo catequístico permanente "por imersão". A formação litúrgica não consiste em substituir a liturgia pela catequese; quando se introduzem elementos catequísticos na liturgia, estes têm de conduzir àquilo que a liturgia celebra na fé. Isto requer uma articulação mais orgânica entre catequese e liturgia.

A catequese e a liturgia se encontram no mesmo barco. A Igreja deve mudar porque mudou sua relação com o mundo, e isto tem repercussão na relação entre catequese e liturgia. Trata-se de submergir o sujeito num banho de vida eclesial estruturado liturgicamente e comportando também uma série de sequências de catequeses mistagógicas. Quer dizer que se deveria viver como se toda a vida do cristão fosse um tempo iniciático. Tudo isso significa que deve existir um vínculo vivo e vivificante entre catequese e liturgia, por uma parte, e catequese e comunidade crente por outra. É preciso pôr a comunidade cristã no centro da articulação catequese-liturgia.

A catequese litúrgica é o principal modelo utilizado num paradigma catecumenal. O fim da catequese litúrgica é conduzir a comunidade e todos os fiéis para uma fé madura, mediante uma participação ativa na liturgia, suscitada e expressa por esta fé. A catequese litúrgica tem três etapas: a catequese para a liturgia, pela liturgia e a que vem da liturgia (a mistagogia); são três aspectos de um mesmo processo. Urge lograr que a catequese e a liturgia se ponham em uníssono a serviço do anúncio da Boa Notícia, trabalhando por uma comunidade cristã que não se defina unicamente pela celebração da eucaristia dominical.[21]

---

[21] Ver Louis-Michel Remire, em *15 Novos Caminhos para a Catequese*, p. 125-144.

"A catequese como educação da fé e a liturgia como celebração da fé são duas funções da única missão evangelizadora e pastoral da Igreja. A liturgia, com seu conjunto de sinais, palavras, ritos, em seus diversos significados, requer da catequese uma iniciação gradativa e perseverante para ser compreendida e vivenciada... Os sinais litúrgicos são ao mesmo tempo anúncio, lembrança, promessa, pedido e realização, mas só por meio da palavra evangelizadora e catequética esses seus significados tornam-se claros. É tarefa fundamental da catequese iniciar eficazmente os catecúmenos e catequizandos nos sinais litúrgicos e através deles introduzi-los no mistério pascal...

A catequese litúrgica é um processo que visa enraizar uma união madura, consciente e responsável com Cristo... A catequese litúrgica prepara aos sacramentos e ajuda a vivenciá-los: leva a uma maior experiência do mistério cristão. Ela explica o conteúdo das orações, o sentido dos gestos e dos sinais, educa à participação ativa, à contemplação e ao silêncio... A catequese que leva os catequizandos a sua maior compreensão deve ser considerada como 'uma eminente forma de catequese'."

Diretório Nacional de Catequese, 120-121

*Para uma catequese que recupere modelos
de vida que valem a pena ser vividos*

"Simplesmente desejamos que todos os membros do povo fiel, reconhecendo o testemunho de Maria e também dos santos, tratem de imitá-los cada dia mais. Assim procurarão um contato mais direto com a Bíblia e uma maior participação nos sacramentos, chegarão a desfrutar da celebração dominical da Eucaristia e viverão melhor ainda o serviço do amor solidário..."

Documento de Aparecida, 258-266

É preciso recuperar modelos, pessoas que possam tornar-se significativas, cujos caminhos percorridos e escolhas suscitem nos outros desejos de imitação por contágio, não por imposição nem estereótipo. Os homens e mulheres de hoje, especialmente os jovens, necessitam vislumbrar pessoas de carne e osso, pessoas entusiasmadas pela vida e pelos outros, que só com sua presença transpirem os valores evangélicos. Só um testemunho sincero, coerente e genuíno pode suscitar nos outros o desejo de seguir a Jesus.

A Virgem Maria, os Santos (declarados ou não) são os lugares, a geografia, a gramática, onde ler a História da Igreja. Nossas comunidades terão de prestar especial atenção à recordação e à memória viva dessas pessoas, resgatando suas virtudes, seus ditos, seus escritos, suas vidas. Necessita-se de cristãos encarnados, competentes, honestos e capazes, inseridos na realidade do mundo de hoje, comprometidos com os outros e com o mundo que os rodeia, de tal maneira que seu modo de vida gere contágio e entusiasmo pela transformação do mundo à luz do Evangelho.

A Virgem Maria, a primeira discípula e missionária,[22] com sua fé, chega a ser o primeiro membro da comunidade dos crentes em Cristo e também se faz colaboradora no renascimento espiritual dos discípulos. Do Evangelho emerge sua figura de mulher livre e forte, conscientemente orientada ao verdadeiro seguimento de Cristo. Cooperou com o nascimento da Igreja missionária, imprimindo-lhe um selo mariano que a identifica profundamente. Como mãe de tantos, fortalece os vínculos fraternos entre todos, encoraja à reconciliação e ao perdão e ajuda para que os discípulos de Jesus Cristo se experimentem como uma família, a família de Deus. Com os olhos postos em seus filhos e em suas necessidades, Maria ajuda a manter vivas as atitudes de atenção, de serviço, de entrega e de gratuidade que devem distinguir os discípulos de seu Filho. Maria é a grande missionária, continuadora da missão de seu Filho e formadora de missionários; são incontáveis as comunidades que encontraram nela a inspiração mais próxima para aprender como ser discípulos e missionários de Jesus.

---

[22] Ver *Documento de Aparecida*, 266-275.

"Nossas comunidades levam o selo dos apóstolos e, além disso, reconhecem o testemunho cristão de tantos homens e mulheres que espalharam em nossa geografia as sementes do Evangelho, vivendo valentemente sua fé, inclusive derramando seu sangue como mártires. Seu exemplo de vida e santidade constitui um presente precioso para o caminho cristão dos latino-americanos e, simultaneamente, um estímulo para imitar suas virtudes nas novas expressões culturais da história. Com a paixão de seu amor a Jesus Cristo, foram membros ativos e missionários em sua comunidade eclesial. Com valentia, perseveraram na promoção dos direitos das pessoas, foram perspicazes no discernimento crítico da realidade à luz do ensino social da Igreja e críveis pelo testemunho coerente de suas vidas. Nós, os cristãos de hoje, acolhemos sua herança e nos sentimos chamados a continuar com renovado ardor apostólico e missionário o estilo evangélico de vida que nos transmitiram."

Documento de Aparecida, 275

*Para uma catequese que revele
o rosto materno da Igreja*

"Maria, Mãe, desperta o coração do filho adormecido em cada homem. Assim, leva-nos a desenvolver a vida do batismo pela qual nos tornamos filhos. Ao mesmo tempo, esse carisma materno faz crescer em nós a fraternidade, e assim Maria faz com que a Igreja se sinta uma família."

Documento de Puebla, 295

Como o que está em crise é a própria vida, necessita-se de um modelo de Iniciação Cristã, um modelo catequístico, um modelo eclesial, com traços mais maternais que o modelo paternalista ou hierárquico predominante. No mundo atual, as pessoas questionam permanentemente o rumo e a busca de sentido, que se transformaram numa obsessão espiritual. A Igreja tem de ser vivida e sentida como mãe, isto é, como lugar de acolhida, de comunhão e participação, onde o pastoral e o religioso vivam como num oásis de paz, como fonte aonde recorrer e onde beber para saciar nossa sede de transcendência.

Os traços maternais da Igreja têm hoje que se manifestar de maneira palpável pelas pessoas, pelos não crentes. A Igreja e cada paróquia ou centro pastoral devem transformar-se num lugar de escuta, de inclusão, de recepção, de saúde corporal como espiritual, pondo-se a serviço das pessoas, a favor dos excluídos e despossuídos, em defesa daquele que ninguém defende nem escuta.

A sociedade e as pessoas se encontram feridas, desprotegidas, sem rumo nem sentido. A catequese deve transformar-se num lugar em que se mostrem as interrogações vitais, num âmbito de busca e num espaço provedor de sentido: o seguimento de Jesus, o Ressuscitado, que vem para curar todos os nossos males, nossa própria vida.

> "Maria, Mãe da Igreja, além de modelo e paradigma da humanidade, é artífice de comunhão. Um dos eventos fundamentais da Igreja é quando o 'sim' brotou de Maria. Ela atrai multidões à comunhão com Jesus e sua Igreja, como experimentamos muitas vezes nos santuários marianos. Por isso, como a Virgem Maria, a Igreja é mãe. Esta visão mariana da Igreja é o melhor remédio para uma Igreja meramente funcional ou burocrática... Em nossas comunidades, sua forte presença tem enriquecido e continuará enriquecendo a dimensão materna da Igreja e sua atitude acolhedora, que a converte em 'casa e escola da comunhão' e em espaço espiritual que prepara para a missão".
>
> *Documento de Aparecida, 268, 272*

Para uma catequese que torne possível um mundo melhor e cada dia mais humano

Toda a atividade catequística tem de levar a uma tomada de consciência, a uma forma de viver, manifestando o encontro com o Deus da vida que transforma as pessoas, fazendo deste mundo uma casa mais habitável, um lugar mais humano para todos os seus habitantes.

A catequese não pode estar desencarnada da realidade nem se fazer surda diante de milhões de irmãos sofredores e deserdados dos bens da terra. Neste sentido a opção pelos mais pobres e despossuídos, que vem marcando há décadas os documentos da Conferência Episcopal Latino-americana (CELAM), tem um caráter cada vez mais profético e estimulante. A catequese atual terá, pois, não só de despertar a consciência solidária nos catequizandos, mas também terá de encarar em si mesma ações solidárias, verdadeiras experiências de trabalho com os outros, não como quem dá uma dádiva ou ato de caridade isolado, mas sim como parte constitutiva que deveria unir e distinguir os seguidores de Jesus.

> Catequese,
> por um
> mundo melhor
> e mais humano
>
> que trabalhe pela equidade,
> pela justiça e
> forme na solidariedade
> inclusiva,
> aberta e plural
> que nos faça
> corresponsáveis da Criação

Para uma catequese que trabalhe pela paz, equidade, justiça e forme na solidariedade

"Por isso, frente a essa forma de globalização, sentimos forte chamado para promover uma globalização diferente, que esteja marcada pela solidariedade, pela justiça e pelo respeito aos direitos humanos, fazendo da América Latina e do Caribe não só o Continente da esperança, mas também o Continente do amor... Dentro dessa ampla preocupação pela dignidade humana, situa-se nossa angústia pelos milhões de latino-americanos e latino-americanas que não podem levar uma vida que corresponda a essa dignidade. A opção preferencial pelos pobres é uma das peculiaridades que marca a fisionomia da Igreja latino-americana e caribenha..."

Documento de Aparecida, 64 e 391

O caminho da experiência da ajuda mútua, da compaixão, da mão que levanta e sustenta, é o caminho que se abre ao sentido social, ao compromisso pela solidariedade e pela justiça, é o caminho que uma autêntica catequese deveria suscitar em todo momento. A catequese não só está chamada a formar na solidariedade, mas ela mesma também deve trabalhar na equidade e na justiça. Os não cristãos têm o direito de nos reconhecer como cristãos, precisamente por nossa caridade, por nossa entrega aos mais necessitados e desamparados – de qualquer forma e âmbito –, manifestando assim o amor de Cristo aos mais relegados e esquecidos.

Antes de tudo, há uma chamada a uma exigência intrínseca de toda realização que pretenda basear-se na autoridade de Jesus Cristo: a catequese tem de velar para que seja um lugar onde todos sejam acolhidos tais como são. Os mais deserdados devem nela encontrar seu lugar.[23]

As condições de vida de muitos abandonados, excluídos e ignorados em sua miséria e dor contradizem o projeto de amor do Pai. O Reino de vida que Cristo veio trazer é incompatível com essas situações inumanas. Se pretendemos fechar os olhos diante dessas realidades, não somos defensores da vida do Reino e nos situamos no caminho da morte. A inseparável relação entre amor a Deus e amor ao próximo constitui um chamado inevitável a toda a Igreja e, por isso, à catequese toda, suprimindo as graves desigualdades sociais e as enormes diferenças no acesso aos bens. A

---

[23] Deroitte, Henry. *15 Novos Caminhos para a Catequese hoje*, p. 244.

preocupação por desenvolver estruturas mais justas como por transmitir os valores sociais do Evangelho se situa neste contexto de serviço fraterno à vida digna.[24]

Do mesmo Jesus brota também a solidariedade como atitude permanente de encontro, fraternidade e serviço, que há de se manifestar em opções e gestos visíveis, principalmente em defesa da vida e dos direitos dos mais vulneráveis e excluídos e em permanente acompanhamento em seus esforços para ser sujeitos de mudança e transformação de sua situação.

A catequese tem de animar cada pessoa, cada comunidade a construir em seu lar, em seu bairro, em sua pátria, uma autêntica casa de irmãos, onde todos tenham uma morada para viver com dignidade. Essa vocação requer a alegria de querer ser e fazer uma nação, um projeto histórico inspirador de vida em comum. A catequese também há de educar e conduzir cada vez mais à reconciliação com Deus e com os irmãos. Deve transformar-se numa permanente escola de verdade e de justiça, de perdão e de reconciliação para construir uma paz autêntica.

Para uma catequese inclusiva

"Reconhecendo e agradecendo o trabalho renovador que já se realiza em muitos centros urbanos, a V Conferência

---
[24] DA, 358.

propõe e recomenda uma nova pastoral urbana que ofereça atenção ao mundo do sofrimento urbano, isto é, que cuide dos caídos ao longo do caminho e aos que se encontram nos hospitais, encarcerados, excluídos, dependentes das drogas, habitantes das novas periferias, nas novas urbanizações e das famílias que, desintegradas, convivem de fato..."

Documento de Aparecida, 517

A catequese terá de mostrar, cada dia mais, o rosto inclusivo e acolhedor de Cristo. É muito o que as paróquias e os centros pastorais têm feito e vêm fazendo a favor dos mais necessitados. Hoje, teria de dar um passo adiante, buscando a forma de integrar e incluir nas atividades pastorais os próprios excluídos. Mais que nunca são necessárias comunidades inclusivas, acessíveis, disponíveis para todos, oferecendo-lhes o dom da fraternidade e a pertença em Jesus.

Desde seu começo, a Igreja tem sido sempre uma realidade inclusiva. Assim, para ser uma comunidade realmente cristã, a assembleia deve afirmar que todo o mundo está convidado a participar dela. Esta maneira de conceber a Igreja elimina toda distinção de raça, cor, sexo, idade ou situação econômica. Vai mais além das limitações físicas ou mentais e também dos preconceitos da sociedade.[25]

No contexto da globalização, é necessário formar sujeitos capazes de respeitar a identidade, a cultura, a história, a religião e, sobretudo, os sofrimentos e as necessidades

---

[25] HARKNESS, Allan. *15 Novos Caminhos para a catequese hoje*, p. 60.

alheios, com a consciência de que todos somos verdadeiramente responsáveis por todos. O cristão é chamado com suas atitudes e palavras a promover a tolerância, o respeito e a abertura ao diferente e diverso. A catequese que vem tem de decididamente se abrir a todos e a tudo. Conviver com o diferente, com o que pensa ou vive distintamente, de modo que possa dar conta do outro e recebê-lo como irmão, em Jesus.

Nesse sentido, os catequistas e toda a comunidade cristã consideram como prediletos do Senhor aqueles que, particularmente entre os menores, sofrem alguma deficiência física ou mental, ou outra forma de privação. As pessoas com necessidades educativas especiais constituem o coração da caridade cristã. O amor do Pai para com seus filhos mais débeis e a contínua presença de Jesus com seu Espírito atestam que toda pessoa, por limitada que seja, é capaz de crescer em santidade.

Nossas paróquias, colégios católicos e centros de pastoral deveriam converter-se em lugares especiais de inclusão. Não só seria preciso rever a acessibilidade física, mas o que é muito mais profundo, a capacidade de incluir todos em nossas comunidades, especialmente os mais deserdados e excluídos da sociedade. Na mesma perspectiva é preciso considerar a catequese para pessoas que vivem em situação marginal ou próximas dela, ou já sumidos na marginalização, como são os emigrantes, os exilados, os nômades, as pessoas sem lar, os enfermos crônicos e toda outra forma de exclusão.

"Diante da exclusão, Jesus defende os direitos dos fracos e vida digna de todo ser humano. De seu Mestre, o discípulo tem aprendido a lutar contra toda forma de desprezo da vida e de exploração da pessoa humana. Só o Senhor é autor e dono da vida. O ser humano, sua imagem vivente, é sempre sagrado, desde sua concepção até sua morte natural, em todas as circunstâncias e condições de sua vida. Diante das estruturas de morte, Jesus faz presente a vida plena. "Eu vim para dar vida aos homens e para que a tenham em plenitude" (Jo 10,10). Por isso, cura os enfermos, expulsa os demônios e compromete os discípulos na promoção da dignidade humana e de relacionamentos sociais fundados na justiça."

Documento de Aparecida, 112

Para uma catequese aberta e plural

"O pluralismo cultural e religioso, na complexidade do mundo atual, muitas vezes confunde e desorienta membros da comunidade. É indispensável uma catequese evangelizadora que eduque os cristãos a viverem sua vocação de batizados neste mundo plural, mantendo sua identidade de pessoas que acreditam e de membros da Igreja, abertos ao diálogo com a sociedade e o mundo."

Diretório Nacional de Catequese, 215

Em uma sociedade e cultura pluriétnica e plurirreligiosa, a liberdade e a realização pessoal são valores aceitos e procurados por todo mundo. Os jovens de hoje crescem em contato com a diversidade: de origem étnica, de línguas, de religiões, de comportamentos. Esse pluralismo pode levar à indiferença, mas pode também abrir à tolerância e à liberdade.[26] Neste contexto cultural de cunho pluralista, é normal que as pessoas busquem interlocutores abertos ao diálogo e ao confronto, ignorando quantos a todo custo o evitam ou impedem. A dinâmica da proposição da fé pede aos catequistas uma lógica nova, atitudes e competências inéditas. Devem aceitar o pluralismo cultural e religioso de nossa sociedade e pôr-se em atitude de diálogo construtivo e desinteressado com todos e na busca de modos culturalmente significativos de anunciar o Evangelho. O pluralismo de movimentos existentes dentro da Igreja é sintoma claro da necessidade de formas plurais de viver a fé. No tempo que está chegando, a palavra catequística é chamada a ser plural, tolerante, provisória e frágil.

Num mundo plural, a catequese também tem necessidade de falar uma linguagem mais plural e acessível a outras pessoas, a outras religiões, ou diretamente a pessoa não iniciada. Esta indicação teria de ser levada em conta especialmente em todas aquelas celebrações a que assistem pessoas não acostumadas com a linguagem e com as terminologias católicas, por exemplo, os parentes

---

[26] Bispos de Québec. *Propor a fé hoje aos jovens*, 2.2.

e amigos nas celebrações dos sacramentos. Tanto o ritual como os sinais sagrados que se utilizam nos sacramentos são pensados numa linguagem de época de cristandade sociológica, em que as pessoas tinham uma ideia do que estava ocorrendo (embora não compreendessem tudo em sua totalidade).

Hoje, assistem às celebrações dos sacramentos muitas pessoas para as quais é a primeira vez que têm a oportunidade de participar de uma celebração cristã ou que têm uma ideia muito vaga do que está acontecendo. Por isso, seria necessário dar às celebrações dos sacramentos um caráter decididamente mais iniciático, pondo maior ênfase em desenvolver uma catequese do que se está vivendo, utilizando uma linguagem mais plural e explicativa, que possa aproximar a linguagem teológica da pessoa comum e não crente. Inclusive, creio, seria preciso revisar todo o ritual dos sacramentos, a partir dessa nova ótica, incorporando uma linguagem mais compreensível para todos.

Assim mesmo, o diálogo com crentes pertencentes a outras tradições religiosas não é, pois, algo optativo para nós. Permite reconhecer como a busca de Deus e a relação com Ele modelam, se bem que de maneira diferente, a existência humana. Toda comunidade cristã, pelo fato de sê--lo, é movida pelo Espírito Santo a reconhecer sua vocação ecumênica na situação concreta em que se encontra, participando do diálogo ecumênico e das iniciativas destinadas a realizar a unidade dos cristãos e a convivência fraterna com outros credos.

> "Não mais vivemos em tempos de cristandade, com a hegemonia religiosa e cultural da Igreja... O mundo contemporâneo abre cada vez mais espaço ao diferente, e o futuro se anuncia mais plural, também no campo religioso. A Igreja está aprendendo novos caminhos: do ecumenismo, do diálogo religioso, do diálogo com a cultura e da promoção da liberdade religiosa..."
>
> *Diretório Nacional de Catequese, 91*

Para uma catequese que nos faça corresponsáveis da criação

"A partir do Cone Sul do Continente Americano e frente aos ilimitados espaços da Antártida, lanço um chamado a todos os responsáveis pelo nosso planeta para proteger e conservar a natureza criada por Deus: não permitamos que nosso mundo seja uma terra cada vez mais degradada e degradante."

João Paulo II[27]

---

[27] João Paulo II. *Homilia na Celebração da Palavra para os fiéis da Zona Austral do Chile 7*. Punta Arens, 4 de abril de 1987.

O desenvolvimento da ciência e das questões sociais referentes ao meio ambiente apresenta um novo e urgente desafio à catequese. Estamos vivendo num mundo em que a informação sobre problemas ambientais, a tecnologia e o grande relato da ciência sobre a origem, desenvolvimento e fim do cosmo ocupam um lugar central no pensamento dos homens e mulheres de hoje. As gerações que nos sucedem têm direito de receber um mundo habitável. Urge considerar a natureza como uma herança gratuita que recebemos do Criador para proteger como espaço precioso da convivência humana e como responsabilidade cuidadosa do senhorio do homem para o bem de todos.

A contribuição da catequese é, antes de tudo, a contribuição de sentido a toda a maravilha que narra o relato científico. Tudo isso tem sentido porque Deus é amor e está sustentando o futuro da vida, do mundo e do cosmo. O relato da ciência nos ensina a admirar-nos da vida, do mundo e do cosmo, e definitivamente da potência e inteligência criadora do Pai todo-poderoso e de sua delicada intervenção para guiar os processos que foram convergindo para que a vida e o ser humano emergissem. Além da ciência e da filosofia, surge o desafio de transmitir teologicamente o significado da criação, desenvolvendo um sentido de humildade e respeito porque tudo depende do Criador. O cristianismo tem defendido o cuidado do meio ambiente baseado na conversão do ser humano. Além disso, se o Criador é também Redentor, então a Páscoa de Jesus é também a Páscoa da Criação.

A questão ecológica e o desenvolvimento sustentável também interpelam a catequese no plano da moral. O vínculo do homem com seu entorno está também afetado pelo pecado. É preciso que na catequese os catequizandos tomem consciência de sua relação e compromisso com o mundo que os rodeia, seja rural ou urbano. É necessário buscar um modelo de desenvolvimento alternativo,[28] integral e solidário, baseado numa ética que inclua a responsabilidade por uma autêntica ecologia natural e humana, que se fundamenta no evangelho da justiça, da solidariedade e do destino universal dos bens e que supere a lógica utilitarista e individualista, que não submete a critérios éticos os poderes econômicos e tecnológicos. A tomada de consciência de que o homem é responsável pelo meio ambiente, diante de si mesmo, diante de seus irmãos e das gerações futuras e diante de Deus, deverá ser uma prioridade na catequese.

---

[28] 56 PP 20: "O verdadeiro desenvolvimento é a passagem, para todos e cada um, de umas condições de vida menos humanas a condições mais humanas".

"A criação também é manifestação do amor previdente de Deus; foi-nos entregue para que cuidemos dela e a transformemos em fonte de vida digna para todos. Ainda que hoje se tenha generalizado maior valorização da natureza, percebemos claramente de quantas maneiras o homem ameaça e inclusive destrói seu 'habitat'. 'Nossa irmã a mãe terra' é nossa casa comum e o lugar da aliança de Deus com os seres humanos e com toda a criação. Desatender as mútuas relações e o equilíbrio que o próprio Deus estabeleceu entre as realidades criadas, é uma ofensa ao Criador, um atentado contra a biodiversidade e, definitivamente, contra a vida. O discípulo missionário, a quem Deus confiou a criação, deve contemplá-la, cuidar dela e utilizá-la, respeitando sempre a ordem dada pelo Criador."

Documento de Aparecida, 125

2. Jesus Cristo no Centro e Coração da Catequese

"A unidade do conteúdo da Catequese se faz ao redor da pessoa de Jesus Cristo... Cristocentrismo significa não só que Cristo deve aparecer na Catequese como a chave, o centro e o fim do homem, bem como de toda a História humana (GS 10), mas que a adesão à sua pessoa e à sua missão, e não só a um núcleo de verdades, é a referência central de toda a Catequese."

Catequese Renovada, 95-96

No centro da catequese encontramos uma Pessoa, a de Jesus de Nazaré. Na realidade, a tarefa fundamental da catequese é mostrar Cristo: tudo o mais, em referência a Ele. O que, definitivamente, busca a catequese e toda ação evangelizadora é propiciar o seguimento e a comunhão com Jesus Cristo.[1]

---
[1] DGC, 98 e 235.

Ele é, de fato, o acontecimento último para o qual converge toda a história salvífica. É a chave, o centro e o fim de toda a história humana. É o coração e o centro da catequese. A mensagem catequética ajuda o cristão a situar-se na história, ao mostrar como Cristo é o sentido último desta história, dele partem e para Ele confluem a evolução e o cosmo inteiro.

O objetivo da catequese é favorecer o encontro com Cristo vivo e a comunhão com seu mistério: este é o coração da fé. Esta perspectiva cristológica incide diretamente na identidade do catequista e em sua preparação. A unidade e harmonia do catequista devem ser lidas a partir dessa perspectiva cristocêntrica.

A vida nova de Jesus Cristo toca o ser humano inteiro e desenvolve em plenitude a existência humana "em sua dimensão pessoal, familiar, social e cultural... A grande novidade que a Igreja anuncia ao mundo é que Jesus Cristo, o Filho de Deus feito homem, a Palavra e a Vida, veio ao mundo para fazer-nos "participantes da natureza divina" (2Pd 1,4), para participarmos de sua própria vida, da vida em abundância. O anúncio do querigma convida a tomar consciência desse amor vivificador de Deus que se oferece a nós em Cristo morto e ressuscitado. Isto é o que precisamos anunciar primeiro..."[2]

---

[2] Ver *Documento de Aparecida*, 347-348.

Para uma catequese centrada no essencial, no núcleo da Boa Nova do Evangelho

É possível que vivamos tempos como no Exílio do Povo de Israel, na Babilônia. É provável que deixemos de ser maioria crente. Isto é um sinal dos tempos. Vêm tempos de Exílio, com novas formas de evangelização e iniciação cristã.

Por essa razão, é necessário centrar-se no essencial do conteúdo da fé. A essencialização ou elementarização da mensagem cristã é uma questão fundamental; a questão na catequese que virá não será tanto acumular recursos nem documentos, mas antes de tudo descobrir a fonte. É preciso voltar às fontes, ao eixo central do conteúdo do anúncio da fé. Em outras palavras, é preciso concentrar-se no primordial, no conteúdo principal do anúncio cristão; voltar para uma catequese mais querigmática, cujo fundamento é o anúncio da pessoa de Jesus ressuscitado, que nos ama infinitamente e veio para nos dar vida em abundância.

O conhecimento teológico e do Magistério da Igreja são passos posteriores de quem já está iniciado. O aprofundamento dos conteúdos da fé é importante e necessário na vida do cristão, mas antes deve dar-se uma conversão pessoal para a pessoa de Jesus Cristo. Hoje, os homens buscam primeiramente fazer experiência do Deus vivo, para depois ir aprofundando paulatinamente o conhecimento que nos revelam as Sagradas Escrituras e o Magistério. Na catequese, talvez sem nos dar conta, por anos insistimos demasiadamente nos conteúdos da fé sem ter primeiro consolidado a adesão pessoal e livre a Jesus Cristo, e esta adesão pertence mais ao coração, à ordem das convicções pessoais e existenciais, que vão muito além dos conteúdos doutrinais (necessários, mas não suficientes, para lograr uma atitude vital de discípulos ou seguidores de Jesus).

Os itinerários de iniciação devem levar diretamente à fonte, ao essencial, a Jesus Cristo. Trata-se de revelar a experiência espiritual que nasce da vida, que surpreende, que faz intuir o essencial, que desperta, que põe a caminho, que faz viver, ou seja, ir ao coração do mistério. É preciso ir juntos, uns com os outros, ao coração da fé, caminhar juntos para o essencial do Evangelho e voltar a nos submergir na novidade da fé. O anúncio sob o signo da proposta, isto é, o testemunho sincero e comprometido da fé na sociedade atual, tem de centrar-se no essencial e expressar claramente a relação com o núcleo da mensagem.[3]

---

[3] Conferência Episcopal Alemã, A Catequese num tempo de mudança, (3.1)

"Nossos povos não querem andar pelas sombras da morte. Têm sede de vida e felicidade em Cristo. Buscam-no como fonte de vida... Dos que vivem em Cristo se espera um testemunho muito crível de santidade e compromisso... Jesus, o Bom Pastor, quer comunicar-nos a sua vida e colocar-se a serviço da vida... Em sua Palavra e em todos os sacramentos, Jesus nos oferece um alimento para o caminho. A Eucaristia é o centro vital do universo, capaz de saciar a fome de vida e felicidade: 'Aquele que se alimenta de mim, viverá por mim' (Jo 6, 57)... Jesus Cristo é a plenitude que eleva a condição humana à condição divina para sua glória: 'Eu vim para dar vida aos homens e para que a tenham em plenitude' (Jo 10,10)..."

Documento de Aparecida, 350-355

3. Catequese Missionária: Discípulos nos Caminhos

Catequese	Catequese e Iniciação Cristã
	A pedagogia da iniciação
	Para uma catequese de estilo catecumenal
Missionária	Para uma catequese que privilegie o discipulado.

CATEQUESE E INICIAÇÃO CRISTÃ

É preciso entender que catequese, tal qual nós a entendemos e praticamos hoje, não é sinônimo, automaticamente, de iniciação à vida cristã. O processo iniciático (e aqui estamos falando do modelo catecumenal) é muito mais amplo que a catequese. Tomada como momento do ensino, do aprofundamento no mistério de Cristo Jesus, a catequese é um tempo, um momento do catecumenato. Daí a complexidade desse novo paradigma, daí a necessidade de multiplicar os ministérios: é impossível e impraticável uma iniciação à vida cristã conduzida só pelo tradicional catequista. Consequentemente, a iniciação à vida cristã, bem conduzida, irá mexer com toda a estrutura paroquial, e até diocesana! Os que a têm colocado em prática são concordes em afirmar que o processo da Iniciação Cristã traz benefícios não só aos catequizandos e catecúmenos, mas a toda a comunidade! Não se trata de negar o passado, mas de revigorar o presente..."

Pe. Luiz Alves de Lima[1]

O processo iniciático em catequese é um processo de apropriação progressiva, livre, existencial, ritmada liturgicamente, da fé cristã e de diferentes aspectos da vida cristã, graças ao contato e ao apoio de uma comunidade que crê, vive e celebra. Sua lógica é a do "Venham e vejam" (Jo 1,38-39). A catequese desenvolve o que a comunidade vive, crê e celebra.[2]

A iniciação cristã deve ser entendida como um processo pelo qual somos introduzidos, pelo desígnio salvador do Pai, no mistério pascal de Jesus Cristo, de tal forma que, regenerados como filhos de Deus e cheios do Espírito Santo, nos identificamos progressivamente com Cristo, fazendo-

---

[1] *III Semana Brasileira de Catequese*. Itaici (SP), 7 de outubro de 2009. Disponível em: <http://www.cnbb.org.br>.

[2] DERROITTE, Henry. *15 Novos Caminhos para a Catequese Hoje*, p. 251.

-nos um com Ele e antegozando já a vida nova do Reino dos Céus. Constitui um *percurso gradual* pelo qual somos inseridos no mistério de Cristo, morto e ressuscitado, e incorporados como membros de seu povo, a Igreja, por meio da fé e dos sacramentos. A questão não é tanto preparar para "chegar a", mas "partir de", tomando a Iniciação Cristã como um processo progressivo de adesão e conversão a Jesus Cristo. A palavra *processo* nos indica algo integral, para frente, não acabado nem terminado, em construção permanente e sucessiva, em contínuo desenvolvimento. A partir dessa perspectiva, adquire um novo sentido o catecumenato de crianças, jovens e adultos.

No *aspecto pessoal*, a iniciação afeta todas as dimensões da pessoa: o físico e corporal, as emoções e sentimentos, a inteligência e a vontade, a espiritualidade e a transcendência. A iniciação realiza-se mediante uma imersão vital na oração pessoal e comunitária, na experiência litúrgica, na escuta da Palavra de Deus e, também, no compromisso e no serviço ao próximo.

No *aspecto comunitário*, a celebração da iniciação cristã gera um vínculo sacramental de unidade entre os fiéis, estabelecendo o fundamento da comunhão entre eles. A formação de pequenas comunidades eclesiais em que alguém se sinta acolhido e pertencente, convocado e escutado, produz uma experiência única: ser participantes ativos da experiência de comunhão e missão eclesial, no seguimento de Jesus Cristo.

Isso obriga a reapresentar de uma forma nova o tema da *linguagem da fé*, repensado sobretudo em chave bíblica, litúrgica e existencial. A questão é ajudar os catequizandos a percorrer seu próprio caminho de busca e adaptação da linguagem cristã. Em todo caso, o processo realizado revelará sua fecundidade se conseguir provocar surpresa, pasmo, admiração diante do inesperado e fascinante da Boa-Nova do Senhor.

Surge, então, a necessidade e a exigência de empregar os meios necessários para ir mudando as apresentações e os modos de fazer até agora predominantes no âmbito da iniciação cristã. É preciso dar os passos adequados que nos permitem abrir caminhos por esse *"novo território"* no qual nos movemos. Entrar nessa dinâmica de busca, de recriação de modelos de transmissão ou proposição da fé não é tarefa fácil nem cômoda. Este *"giro histórico"* que nos sentimos chamados a propiciar não acontece de imediato, requer uma série de propósitos contínuos e transformações progressivas que vão tornando-o possível e concreto. É preciso revisar e renovar apresentações e itinerários, esboços teóricos e realizações práticas, para passar de uma verdade aprendida a uma verdade experimentada, a uma verdade tornada própria, verificada com a experiência, que se faz convicção pessoal.

"A catequese, como elemento importante da iniciação à vida cristã, implica um longo processo vital de introdução dos cristãos ainda não plenamente iniciados, seja qual for sua idade, nos diversos aspectos essenciais da fé cristã, com as seguintes dimensões, interligadas entre si:

a) descoberta de si mesmo;

b) experiência de Deus;

c) anúncio e adesão a Jesus Cristo;

d) vida no Espírito;

e) celebração litúrgica e oração;

f) participação na comunidade;

g) interação fé e vida, e serviço fraterno, de acordo com os valores do Reino;

h) a formulação da fé;

i) o diálogo com outros caminhos e tradições espirituais;

j) o relacionamento de cuidado com o cosmo.

Diretório Nacional de Catequese, 38

A Pedagogia da Iniciação

"Sentimos a urgência de desenvolver em nossas comunidades um processo de iniciação na vida cristã que comece pelo querigma e que, guiado pela Palavra de Deus, conduza a um encontro pessoal, cada vez maior com Jesus Cristo... e que leve à conversão, ao seguimento em uma comunidade eclesial e a um amadurecimento de fé na prática dos sacramentos, do serviço e da missão."

Documento de Aparecida, 289

O novo paradigma a que nos referimos há de estar marcado por um forte acento evangelizador, que deveria ir além de um primeiro anúncio ou querigma. Este processo deveria juntar, ao mesmo tempo, a autonomia pessoal e a socialização do indivíduo, abrindo-o a uma maneira nova de realizar sua existência. Exige a presença de pessoas que entendem do que iniciam e vivem, pessoas que introduzem outros naquilo que elas mesmas assumiram.

A catequese de hoje aparece decididamente com um caráter fortemente iniciático. Deverá assumir-se como uma iniciação ao mistério cristão, o qual supõe a colocação em prática de uma Pedagogia da Iniciação, que não pretenda tanto ensinar ou transmitir uma mensagem, quanto experimentar uma nova vida em Cristo. Propor a fé, hoje como ontem, significa convidar a implicar-se no caminho da experiência cristã. Significa dar com os iniciandos os primeiros passos, fazer com eles trechos do caminho. No centro da transmissão orgânica da fé, encontra-se, de fato, a experiência da escuta de um relato significativo e interpretativo da existência que faz memória do mistério de Cristo e põe em relação com a vida do Deus Trinitário.

Nessa Pedagogia da Iniciação destacam-se duas convicções: por uma parte o papel fundamental da comunidade cristã, verdadeiro ambiente vital e suporte de todo caminho de iniciação, por outra parte, a necessidade de que a própria comunidade e seus agentes (neste caso, os catequistas) vivam eles mesmos um processo iniciático. Os "iniciadores" são os primeiros que devem ser iniciados, que devem fazer a experiência concreta de que o Evangelho transforma a vida. Uma catequese iniciática exige uma comunidade toda ela envolvida na progressiva familiarização de seus membros com a vida cristã. É preciso instalar um estilo catecumenal na formação de catequistas e agentes de pastoral.

Para uma catequese de estilo catecumenal

"Conhecer a Jesus é o melhor presente que qualquer pessoa pode receber; tê-lo encontrado foi o melhor que ocorreu em nossas vidas, e fazê-lo conhecido com nossa palavra e obras é nossa alegria."

Documento de Aparecida, 29

O catecumenato de adultos foi o modo habitual de iniciação na fé e da preparação para o batismo na Igreja desde o século II até o IV.[3] Caiu em desuso especialmente por causa da generalização do batismo de crianças. A restauração do catecumenato comporta um espírito e uma exigência de renovação que afetam o conjunto do edifício catequístico até em seus próprios métodos e organização. O modelo referência da catequese atual é o catecumenato.

Esta nova volta ao catecumenato dos primeiros séculos e a renovada insistência na inspiração catecumenal de toda a catequese de iniciação implicam reconhecer a ruptura com os modos tradicionais de transmissão da fé.

O espírito catecumenal convida os crentes a ir para a praça pública, a tomar parte nas conversações que têm os seres humanos, expressando ali suas próprias convicções. O catecumenato quer ser, no coração da cidade, um espaço de encontro, de intercâmbio, de diálogo, enraizado no ambiente público, para ajudar os cidadãos que o desejem a caminhar na fé ou para a fé com o apoio amistoso de alguns cristãos. O catecumenato trata assim de participar da condição de peregrinos de nossos contemporâneos. Esse espírito catecumenal não consiste unicamente numa atitude interior, mas implica concretamente um modo de estar na comunidade, de se organizar e de se misturar com a vida da cidade. O espírito catecumenal consiste, basicamente, em sair pelos

---

[3] Para o tema do catecumenato, seguimos o texto de Fossion, P. André. *15 Caminhos para a Catequese Hoje*, p. 111.

caminhos onde estão as pessoas e caminhar com elas, testemunhar a Jesus Cristo.

O caminho do catecumenato tem vários componentes: uma catequese bíblica que desperta o conhecimento de Deus, a chamada à conversão pessoal que vem da Palavra de Deus, o encontro de uma comunidade viva, pelo intercâmbio, o partilhar em grupo, a relação concreta com testemunhas que vivem como cristãos, uma introdução à oração e à vida sacramental que abre para o mistério de Deus e a amizade de Cristo. Conduz o fiel a ser capaz de dar conta do que recebeu: o que lhe foi transmitido, o que despertou nele e o que tem na memória, e deve poder expressá-lo e testemunhá-lo.[4]

Esse catecumenato se caracteriza por ser um processo com diferentes etapas, cujas três fases essenciais são:

• *A fase do "primeiro anúncio" ou pré-catecumenato:* está no começo do caminho. É o momento dos primeiros contatos e encontro com pessoas que já estão arraigadas na fé, assim como com a comunidade, com seus grupos e seus ambientes. Nele tem lugar a primeira evangelização em ordem à conversão e se explicita o *querigma* do primeiro anúncio. Esta fase desemboca na celebração da admissão no catecumenato.

• *A fase do catecumenato "propriamente dita":* é uma introdução fundamental à fé cristã, à comunhão viva com Jesus

---

[4] Conferência dos Bispos da França. *Texto nacional para a orientação da catequese na França.* Paris, Bayard, Cerf, Fleurus-Mame, 2006.

Cristo e, portanto, à vida cristã. Realiza-se por meio da explicitação catequística da história da salvação e dos conteúdos da fé, por meio do crescimento na vida da comunidade cristã e das celebrações litúrgicas que a acompanham. Tem particular importância a celebração da admissão ao batismo. No primeiro domingo da Quaresma, como preparação para a Páscoa, com ela começa o tempo da preparação imediata para a recepção do batismo na noite de Páscoa.

• *A fase mistagógica*: segue diretamente a incorporação sacramental na Igreja. É nesta fase que tem de se aprofundar e tomar consciência da fé aprendida e vivida. O que se adquiriu especificamente no catecumenato expressa-se na experiência cotidiana da vida de fé pessoal e comunitária, através dos sacramentos e da entrada na comunidade.

A inspiração catecumenal situa os adultos de novo no centro, de modo que a atividade catequética da Igreja se dirija a todas as idades, principalmente aos adultos. A catequese de adultos convida forçosamente a refletir sobre o modo (adulto ou infantil) como a Igreja trata as pessoas, diz P. Emílio Alberich.[5]

O mandato missionário de Jesus comporta vários aspectos, intimamente unidos entre si: "anunciai" (Mt 16,15); "fazei discípulos e ensinai"; "sede minhas testemunhas"; "batizai"; "fazei isto em minha memória" (Lc 22,19); "amai-vos uns aos outros" (Jo 15,12). Anúncio, testemunho, ensino, sa-

---

[5] ALBERICH, E. *Catequesis adulta en uma Iglesia Adulta*, 1991.

cramentos, amor ao próximo, fazer discípulos: todos esses aspectos são caminhos e meios para a transmissão do único Evangelho e constituem os elementos da evangelização.[6] A fé pede para ser conhecida, celebrada, vivida e feita oração.

> "Esse encontro (com Jesus Cristo) deve renovar-se constantemente pelo testemunho pessoal, pelo anúncio do querigma e pela ação missionária da comunidade. O querigma não é somente uma etapa, mas o fio condutor de um processo que culmina na maturidade do discípulo de Jesus Cristo. Sem o querigma, os demais aspectos desse processo estão condenados à esterilidade, sem corações verdadeiramente convertidos ao Senhor. Só a partir do querigma acontece a possibilidade de uma iniciação cristã verdadeira. Por isso, a Igreja precisa tê-lo presente em todas as suas ações."
>
> *Documento de Aparecida, 278*

PARA UMA CATEQUESE QUE PRIVILEGIE O DISCIPULADO

"A realidade atual exige de nós, educadores na fé, darmos novos passos. Se necessário, mudamos também de direção. É nesta perspectiva de uma catequese missionária que escolhemos a inspiração catecumenal como paradigma de iniciação à

---

[6] Diretório Geral para a Catequese, 46.

vida cristã.[7] O novo catequista procurará desenvolver um projeto de formação permanente e global suscitando a conversão e o crescimento na fé. Itinerário sistemático e orgânico com a finalidade de educar à maturidade na fé e à transmissão da mensagem cristã. Esta mensagem deverá ser gradual, focalizando sempre no essencial, a pessoa e os ensinamentos de Jesus Cristo, favorecendo a dinâmica do encontro e do discipulado. É importante acentuar também a capacidade do catequista em transmitir aos outros suas experiências de vida cristã."

Pe. Jânison de Sá Santos[8]

O entusiasmo do seguimento de Jesus tem de contagiar os outros. A fé se transmite melhor hoje através da testemunha cristã, que narra e vive o que lhe sucedeu, em lugar de dizer o que é preciso crer. Rezar, amar e servir deve transmitir-se de irmão a irmão. Acompanhar no caminho exige discípulos que ponham a serviço dos outros seu saber e gosto da vivência cristã, que acompanhem e orientem o peregrinar dos que aparecem ou se iniciam no caminho de fé.

Todos, para sermos discípulos, precisamos ter uma experiência de Jesus Cristo, mediante um encontro forte com Ele, e renovar muitas vezes esse encontro durante nossa vida. O encontro com Cristo está marcado pela leitura assídua e pela escu-

---

[7] Os Bispos do Brasil, reunidos em Assembleia geral (22 a 30.04.2009), debruçaram-se no tema da Iniciação à vida Cristã. Este texto será de grande contribuição para darmos novos passos no agir catequético e pastoral.

[8] *III Semana Brasileira de Catequese*. Itaici (SP), 7 de outubro de 2009. Disponível em: <http://www.cnbb.og.br>.

ta atenta de sua Palavra. O discípulo, porque admira e ama profundamente seu Mestre e Senhor, porque o segue de perto com fidelidade e esperança, quer percorrer os caminhos do Evangelho: amar como Cristo amou, viver como Ele e cumprir tudo o que Ele mandou. O discípulo, com sua vida, torna-se testemunha, torna-se missionário, transforma-se em um apaixonado de Jesus. Quer levar outros ao encontro com Cristo. Quer que Cristo seja para outros a Boa-Nova de sua vida, assim como é para ele, de modo que também outros tenham a experiência vivificadora e a fé profunda que dá sentido a toda a sua vida.

> "O acontecimento de Cristo é, portanto, o início desse sujeito novo que surge na história e a quem chamamos discípulo: 'Não se começa a ser cristão por uma decisão ética ou uma grande ideia, mas através do encontro com um acontecimento, com uma Pessoa, que dá um novo horizonte à vida e, com isso, uma orientação decisiva...' Como características do discípulo, indicadas pela iniciação cristã, destacamos: que ele tenha como centro a pessoa de Jesus Cristo, nosso Salvador, e plenitude de nossa humanidade, fonte de toda maturidade humana e cristã; que tenha espírito de oração, seja amante da Palavra, pratique a confissão frequente e participe da Eucaristia; que se insira cordialmente na comunidade eclesial e social, seja solidário no amor e fervoroso missionário."
>
> *Documento de Aparecida, 243 e 292*

4. Para uma Catequese em, de, a partir da e para a comunhão

"Jesus deixou na história uma comunidade viva, a Igreja, para dar continuidade à sua missão salvífica... A comunidade eclesial conserva a memória de Jesus, suas palavras e gestos, particularmente os sacramentos, a oração, o compromisso com o Reino, a opção pelos pobres... Por isso, o lugar ou ambiente normal da catequese é a comunidade eclesial. Onde há uma verdadeira comunidade cristã, ela se torna uma fonte viva da catequese, pois a fé não é uma teoria, mas uma realidade vivida pelos membros da comunidade. Nesse sentido ela é o verdadeiro audiovisual da catequese. Por outro lado, ao educar para viver a fé em comunidade, esta se torna, também, uma das metas da catequese... Quando não há comunidade, os catequistas, obviamente, ajudam a construí-la."

Diretório Nacional de Catequese, 51-52

A sociedade atual valoriza muito o diálogo e a tolerância, mas também não poucas pessoas têm uma experiência dramática de solidão. As comunidades eclesiais têm de oferecer toda a riqueza da experiência comunitária que têm em seu seio e, ao mesmo tempo, oferecer plataformas para reconstruir o tecido comunitário, diante do individualismo reinante e da deterioração das relações e dos grupos primários. O cristianismo do futuro, segundo o perfila José Maria Mardones,[1] teria as seguintes características: experiência religiosa profunda, solidariedade efetiva e com consciência estrutural, que vive e partilha a fé em pequenas comunidades, com uma fé formada e crítica, e que celebre prazerosa e festivamente sua vida e esperança. Definitivamente, necessitam-se de comunidades que manifestem a presença do Ressuscitado e comuniquem a vivência partilhada do Evangelho.

Para renovar a catequese é necessário que se renovem as comunidades. Hoje, mais que nunca, nas últimas décadas na missão da Igreja, são imprescindíveis as pequenas comunidades acolhedoras, dialogantes e encarnadas. A comunidade cristã é o âmbito necessário para que possa dar-se a experiência cristã; no seio da comunidade nasce-se, educa-se, cresce-se como crente e se vive a fé.[2] Portanto, não há boa catequese se não se acha vinculada a uma comunidade. Toda a comunidade é responsável pela catequese e por possibilitar a quem deseje a imersão na experiência cristã.

---

[1] MARDONES, J. M. *La indiferencia religiosa em Espana*. Ediciones HOAC, Madrid.

[2] CEE, Comissão de Ensino e Catequese, A catequese da comunidade cristã, Anexo, n. 15.

No coração da comunidade é onde se há de voltar a colocar a catequese, como sucedia com as primeiras comunidades cristãs. *"Eles se mostravam assíduos ao ensinamento dos apóstolos, à comunhão fraterna, à fração do pão e às orações"* (At 2,42). Torna-se premente retomar os valores das primeiras comunidades cristãs: a convivência recíproca, o amor à eucaristia, as orações, a alegria e simplicidade de coração, a unidade na diversidade, a fidelidade e respeito à Igreja como Sacramento de Cristo.[3]

A comunidade, então, é a metodologia mais genuína e coerente para renovar as atividades catequísticas e pastorais de nossa Igreja. As pequenas comunidades cristãs são uma condição de possibilidade para a plena ação pastoral da Igreja hoje.[4] Essas comunidades têm de ser comunidades próximas e abertas, onde se cultive a relação pessoal. São células eclesiais vivas, cálidas, de dimensão humana, com identidade cristã, em comunhão eclesial, em interdependência com outras comunidades, articuladas na comunidade local e integradas na Igreja particular, em solidariedade, atitude de serviço e corresponsabilidade. A essas pequenas comunidades cristãs, Paulo VI denominou-as *comunidades eclesiais de base*,[5] sublinhando sua eclesialidade ou pertença à Igreja local, para fazê-las crescer como servidoras do Reino. Considerar que

---

[3] CAZAL, Teófilo Aquino. Artigo na internet: *Que é a comunidade?*

[4] Para o tema das pequenas comunidades ver: *Para um novo paradigma de catequese hoje*, p. 65.

[5] Cf. EM, 58.

as comunidades, como tais, são as destinatárias da catequese, constitui um deslocamento considerável com relação às representações e práticas habituais.[6]

Toda a comunidade é agente e receptora da catequese. Será necessário potenciar a criação de redes, de grupos ou núcleos vivos de cristãos que permitam passar de uma ideia da paróquia como "estação de serviço" a uma comunidade que se apoia na vitalidade de seus membros. A Igreja e cada paróquia ou centro pastoral devem ser vividos como comunidade de comunidades. Comunidades que não separam, isolam ou marginalizam, mas que nutrem, impulsionam, animam e dinamizam a vida dos crentes e os grupos. As relações de fraternidade passam por cima de qualquer diferença de idade, de cultura, de origem social, de funções ou de capacidade. Cada um dos membros da comunidade é algo inestimável para a fé de todo mundo. A vocação mais entranhável e essencial da Igreja é ser comunhão de pessoas, inspirada sempre na comunhão trinitária (cf. Ef 4,4-6).

Não basta ser comunidade. É necessário fazer comunidade. A estruturação frequente e tradicional da catequese, assim como a organização das ações paroquiais, têm dividido em excesso os grupos, diluindo o sentido coletivo e comunitário e criando certa sensação de "arquipélago" na dinâmica seguida pelas paróquias. Por isso, é imprescindível que cada comunidade cristã não se feche

---

[6] ALVAREZ, Donaciano Martinez. *Para comunidades catequizadas e catequizantes.*

sobre si mesma, que seja uma comunidade aberta. Toda comunidade que se fecha em si mesma degenera.[7] Não pode haver uma comunidade que não esteja centrada no amor, e o amor é difusivo, comunitário e aberto. Esta prática se manifesta no espírito de serviço aos outros e no compromisso de denúncia e de libertação das injustiças e situações de pecados estruturais.

É tempo de superar uma catequese desconectada dos dinamismos comunitários. A catequese tem lugar "entre outros" e "com outros". A função da comunidade é essencial e constitutiva do novo paradigma. É necessário que toda a comunidade se sinta comprometida com tudo na geração de novos cristãos, que saiba ser totalmente fraterna e acolhedora, com calor de lar, para os que se preparam para receber os sacramentos de iniciação. Os grupos de iniciandos – em especial os mais jovens – precisam poder perceber e dar-se conta de que sua catequese não é algo isolado ou separado do resto das idades e do funcionamento da comunidade.

O catequista ou evangelizador está chamado a ser, ademais, um mediador: o que prepara o terreno e introduz na vivência comunitária; o que provoca e envolve a comunidade para que seja consciente de sua responsabilidade e acompanhe a progressiva inserção dos que se iniciam. Trata-se de estabelecer laços e estender pontes, de estimular e favorecer a real participação, de criar e sustentar um autêntico clima de fraternidade e comunhão. Todos devem sentir-se

---

[7] CAZAL, Teófilo Aquino. Artigo na internet: *Que é a comunidade?*

recebidos, acolhidos, bem-vindos, inseridos numa comunidade viva. Como bem dizia o Cardeal Pironio: devemos procurar, antes de tudo, que nossas comunidades sejam orantes, fraternas e missionárias.

> "A catequese é uma responsabilidade de toda a comunidade cristã... A própria educação permanente da fé é um assunto que diz respeito a toda a comunidade. A catequese é, portanto, uma ação educativa realizada a partir da responsabilidade peculiar de cada membro da comunidade... A comunidade cristã é a origem, lugar e meta da catequese... E é essa mesma comunidade a que acolhe os que desejam conhecer o Senhor e entrar num caminho novo. Ela acompanha os catecúmenos e catequizandos em seu itinerário catequético e, com solicitude maternal, ela os faz partícipes de sua própria experiência de fé e os incorpora em seu seio."
>
> *Diretório Geral para a Catequese, 220 e 254*
>
> "Em nossa Igreja temos de reforçar quatro eixos: (...) b) A vivência comunitária. Nossos fiéis procuram comunidades cristãs, onde sejam acolhidos fraternalmente e se sintam valorizados, visíveis e eclesialmente incluídos. É necessário que nossos fiéis se sintam realmente membros de uma comunidade eclesial e corresponsáveis em seu desenvolvimento..."
>
> *Documento de Aparecida, 226*

Para uma catequese que viva em Espírito de comunhão e participação

"A comunidade cristã é a realização histórica do dom da comunhão (*koinonia*), que é um fruto do Espírito Santo. A comunhão expressa o núcleo profundo da Igreja universal e das Igrejas particulares, que constituem a comunidade cristã referencial. Esta se faz próxima e se viabiliza na rica variedade das comunidades cristãs imediatas, nas que os cristãos nascem para a fé, educam-se nela e a vivem: a família, a paróquia, a escola católica, as associações e movimentos cristãos, as comunidades eclesiais de base... Elas são os 'lugares' da catequese, isto é, os espaços comunitários onde a catequese de inspiração catecumenal e a catequese permanente se realizam."

Diretório Geral para a Catequese, 253

Torna-se imprescindível levar adiante um novo modo de viver a comunhão eclesial. Os tempos que correm não dão espaço a divisões e "quintas". É preciso centrar-se na partilha, mais que na competição. É preciso aprender a "somar em vez de faltar" dentro da mesma Igreja. A comunhão de bens tem que se transformar em sinal explícito do Reino. O testemunho de unidade é um direito que têm os não cristãos de contemplar no seio da Igreja.

Assim mesmo, a participação intraeclesial terá de ir crescendo como sinal preclaro de comunhão. As pessoas de hoje valorizam, apreciam e se integram só em instituições que vivam a participação como uma forma de organizar-se e crescer, e se dão conta quando essa participação é fictícia, não é sincera ou é só aparência. Urge, então, revisar as estruturas de participação eclesiais em todos os níveis. Para isso, será preciso analisar, com honestidade e realismo, se há discriminações intraeclesiais e ir procurando os meios para que isso não aconteça.

O que geralmente falta nas comunidades cristãs é uma interface, um espaço permanente para interpelar e deixar-se interpelar como pessoa e como crente. Vai ser necessário, pois, multiplicar e formalizar os canais de comunicação desde baixo e sobretudo antes de realizar algum esforço em nível técnico ou instrumental. Impõe-se uma condição prévia como condição *sine qua non* de tudo mais: uma mudança bastante radical dos modos de participação e comunhão, e isso em todos os níveis da Igreja. Que a função consultiva se converta num estilo e num método de trabalho no nível das instâncias superiores. A instituição tem de aceitar a renúncia a seu poder e seu desejo de controlar tudo, pois reunir e fazer viver na unidade pertence a uma lógica diferente da de verificar e julgar.[8]

Expressa o Ir. Flavio Pajer:[9]

> Paradoxalmente, às vezes, ocorre que os responsáveis pelas comunidades sigam falando de "catequese comunitária" à sua comunidade, mas sem primeiro

---

[8] Ver PAJER, Ir. Flavio, fsc. *15 Novos caminhos para a Catequese hoje*, p. 27.

[9] Ibidem, p. 36.

preocupar-se muito em implicá-la como colaboradora e protagonista real, e não só na fase de execução de um projeto, mas desde o próprio momento de sua concepção até a avaliação final, e implicá-la não só na atividade propriamente catequística, mas nas questões que afetam as estruturas de decisão e de participação. Compartilhar poder, responsabilidades, funções, competências: trata-se das condições de possibilidade desta ideia de uma comunidade cristã que pretende ser toda ela catequizante e catequizada... O anonimato das reuniões massivas, o uso hierarquizado da palavra são outras tantas barreiras que impedem a expressão pessoal, que desanimam a reciprocidade e não permitem às pessoas envolver-se de um modo total na aventura da fé...

A comunidade supõe uma verdadeira comunhão. Só se verá comunidade, quando se chegar à aceitação sincera e mútua de cada um dos membros que a compõem, tal qual como é. A comunhão de pessoas e o compromisso comum abrem caminho para a participação. Daqui nascerá naturalmente uma responsabilidade coletiva, uma verdadeira corresponsabilidade. A colaboração responsável no projeto comum é um dever de consciência para todos os membros da comunidade.

Desta maneira, a comunicação eclesial já não é considerada como um processo linear em sentido único, que vai desde o emissor ao receptor, mas antes como uma ação circular ou dialogal. O nós eclesial deve converter-se num espaço de verdade e liberdade. A Igreja deve viver como uma rede de células que formam um corpo e vivem em comunhão.[10] Especialmente, as paróquias e centros pastorais devem abrir-se para que a tomada de decisões seja questão de toda a comunidade (também nos aspectos econômicos). Que cada um se sinta importante, escutado e útil, a fim de conformar uma comunidade de pessoas, plenificante e construtiva. Estes mecanismos não só asseguram a participação, mas também potenciam a pertença.

Nas condições atuais, urge educar e trabalhar para a participação, tarefa que requer de nós sinceridade, confiança e capacitação. Convocar à participação e não educar para a participação é convocar para o caos. Por outro lado, convocar para a participação e não formar adequadas organizações participativas é uma burla manipuladora.

A participação se situa, segundo a natureza dos assuntos, num dos seguintes níveis: informação, consulta, decisão e execução.[11] A participação deve ser progressiva, isto é, respeitando o princípio de gradualidade, não como algo que se decreta, mas como um estilo de vida que vai se conformando através de um árduo processo de aprendizagem compartilhado na comunidade. Isso implica ir dando passos desde as estruturas autocráticas e paternalistas da paróquia e instituições eclesiais para comunidades adultas, tendo claros alguns princípios atuantes: a subsidiariedade, deixando as decisões em nível primário quando for possível, a corres-

---

[10] RUTHIER, Gilles. *15 Novos Caminhos para a Catequese hoje*, p. 51 e 53.

[11] Cf. *Educação e Projeto de Vida*, 75 e 76.

ponsabilidade, compartilhando o poder para multiplicá-lo, a consulta, para conseguir a maior participação possível antes de qualquer tomada de decisão, a cogestão, de modo que todos aqueles a quem afeta uma decisão tomem parte nas deliberações, e a colaboração, para que todos tenham um papel na aplicação das decisões.

A vida cristã é sinal da unidade na diversidade. A riqueza da comunidade se manifesta na diversidade de carismas, perspectivas, visões e funções. Este caráter orgânico se manifesta necessariamente numa organização séria, flexível e funcional. A organização da comunidade não deve anular, dominar os membros, pelo contrário, deve ser personalizante e nunca perder de vista que o coração da comunidade, o sentido último da mesma, é o próprio Jesus Cristo.

As pessoas precisam sentir-se úteis, ser produtivas e escutadas. Esta é a razão pela qual o fator mais importante que determina a permanência ou não na Igreja é o grau e o gênero de participação. É preciso intensificar a participação mediante a delegação, a consulta, a tomada conjunta de decisões, a colaboração e a celebração.[12] A participação não anula a condução hierárquica, antes a supõe, a reforça e a enriquece. Essa participação, vivida com espírito evangélico, converte-se em sinal de Cristo para todos.

A vocação ao discipulado missionário é convocação à comunhão em sua Igreja. Não há discipulado sem comunhão. Diante da tentação, muito presente na cultura atual, de ser

---

[12] BUCKLEY, P. Francis J. sj. *15 Novos Caminhos para a Catequese*, p. 150.

cristão sem Igreja e das novas buscas espirituais individualistas, temos de ter muito claro que a fé em Jesus Cristo nos chega através da comunidade eclesial, e ela nos dá uma família, a família universal de Deus na Igreja Católica. A fé nos liberta do isolamento do eu, porque nos leva à comunhão. Isso significa que uma dimensão constitutiva do acontecimento cristão é a pertença a uma comunidade concreta em que possamos viver uma experiência permanente de discipulado e de comunhão com os sucessores dos Apóstolos e com o Papa.[13]

> "A Diocese, presidida pelo Bispo, é o primeiro espaço da comunhão e da missão... Entre as comunidades eclesiais, nas quais vivem e se formam os discípulos e missionários de Jesus Cristo, sobressaem as Paróquias. São células vivas da Igreja e o lugar privilegiado no qual a maioria dos fiéis tem uma experiência concreta de Cristo e a comunhão eclesial. São chamadas a ser casas e escolas de comunhão. (...)
>
> A conversão dos pastores leva-nos também a viver e promover uma espiritualidade de comunhão e participação, 'propondo-a como princípio

---

[13] *Documento de Aparecida*, 156.

educativo em todos os lugares onde se forma o homem e o cristão, onde se educam os ministros do altar, as pessoas consagradas e os agentes pastorais, onde se constroem as famílias e as comunidades'. A conversão pastoral requer que as comunidades eclesiais sejam comunidades de discípulos missionários ao redor de Jesus Cristo, Mestre e Pastor. Daí nasce a atitude de abertura, diálogo e disponibilidade para promover a corresponsabilidade e participação efetiva de todos os fiéis na vida das comunidades cristãs. Hoje, mais do que nunca, o testemunho de comunhão eclesial e de santidade são uma urgência pastoral."

Documento de Aparecida, 169-170 e 368

5. Um novo e necessário paradigma pastoral

Para um novo paradigma pastoral

"A conversão pessoal desperta a capacidade de submeter tudo ao serviço da instauração do Reino da vida. Os bispos, presbíteros, diáconos permanentes, consagrados e consagradas, leigos e leigas, são chamados a assumir atitude de permanente conversão pastoral, que implica escutar com atenção e discernir 'o que o Espírito está dizendo às Igrejas' (Ap 2,29) através dos sinais dos tempos em que Deus se manifesta. Daí nasce, na fidelidade ao Espírito Santo que a conduz, a necessidade de uma renovação eclesial que implica reformas espirituais, pastorais e também institucionais."

Documento de Aparecida, 366-367

"Há que considerar que ainda temos, na maioria das estruturas organizacionais das Dioceses, Prelazias e Paróquias, uma catequese voltada somente à preparação remota para os sacramentos sem levar o catequizando ao processo iniciático. Tais estruturas são desafiadas a desenvolverem novas metodologias que possam responder ao clamor dos catequizandos, sobretudo dos adultos que ainda procuram a Igreja, em busca dos sacramentos para os filhos, dos adultos afastados que, embora tenham recebido os sacramentos de iniciação, caíram no indiferentismo religioso e não participam..."

Pe. Jânison de Sá Santos[1]

O novo paradigma de iniciação cristã necessariamente implica um novo paradigma pastoral, tanto em nível diocesano, paroquial, escolar como em outras instituições eclesiais. Sem uma mudança de paradigma pastoral, os esforços de renovar o paradigma da catequese cairão seguramente em saco furado ou serão diluídos nos antigos esquemas que durante anos foram úteis, mas que hoje, claramente, não são adequados. Todas estas apresentações questionam muitas práticas habituais de catequese, chegando a reapresentar a organização das comunidades eclesiais. Cremos profundamente que estamos diante de um desafio inadiável para o futuro da Igreja na sociedade que está chegando. O tema e a proposta que fazemos provocam uma mudança pastoral muito profunda e envolvente, pelo que será necessário seguir refletindo entre todos.

---

[1] *III Semana Brasileira de Catequese*. Itaici (SP), 7 de julho de 2009. Disponível em: <http://www.cnbb.org.br>.

Caminhamos para uma Igreja em que o "quantitativo" vai deslocando para o "qualitativo". A Igreja do futuro vai ser mais "minoritária", mas mais "fermento", com menos poder ou presença social, mas mais testemunhal. Nesse sentido, como afirmava no começo, creio que é estratégico e prioritário potenciar as experiências positivas. Designar os mais capazes e os melhores recursos pessoais e materiais para as experiências novas e prometedoras, com perspectivas multiplicadoras, mesmo que se descuidem de outras áreas ou diretamente as abandonem.

Ao mirar o futuro e tratar de concretizar a viabilidade do novo paradigma, a existência de comunidades iniciáticas se apresenta como a condição fundamental; sem elas os catecúmenos não poderiam fazer "uma verdadeira experiência de Igreja". A atividade catequética, que tem como objetivo iniciar e fundamentar na fé da comunidade crente e inserir nessa comunidade quem deu sua adesão a Jesus Cristo, não pode, por isso, separar-se, de modo algum, da vida da Igreja.[2]

---

[2] Subcomissão Episcopal de Ensino e Catequese (CEE). *A catequese da comunidade*. Orientações pastorais para a catequese na Espanha, hoje. Ed. Edice, Madrid, 1983, n. 253.

"Esta firme decisão missionária deve impregnar todas as estruturas eclesiais e todos os planos pastorais de dioceses, paróquias, comunidades religiosas, movimentos, e de qualquer instituição da Igreja. Nenhuma comunidade deve escusar-se de entrar decididamente, com todas as suas forças, nos processos constantes de renovação missionária e de abandonar as estruturas caducas que já não favoreçam a transmissão da fé."

Documento de Aparecida, 365

"A catequese precisa de uma organização apropriada para responder às situações e realidades diversificadas das comunidades e integrada na pastoral orgânica, para evitar a dispersão de forças. Ela será eficaz se a comunidade, paróquia e diocese tiverem um projeto de evangelização. A organização da catequese necessita ser mais evangelizadora e pastoral do que institucional..."

Diretório Nacional de Catequese, 320

O APOIO, A CONTENÇÃO E O SUSTENTO DOS CATEQUISTAS

"Constatamos o escasso acompanhamento dado aos fiéis leigos em suas tarefas de serviço à sociedade, particularmente quando assumem responsabilidades nas diversas estruturas de ordem temporal."

Documento de Aparecida, 100

Em todo relato que venho ouvindo faz tempo, pouco se fala dos catequistas, ou melhor dizendo, fala-se do que eles têm de fazer, conhecer, saber, de suas competências, mas não de como se sentem, como vivem, como sofrem nesta mudança de época.

Percebo que os catequistas se encontram num lugar de grande "exposição eclesial e social", sobretudo os catequistas leigos. Muitos vão sentir-se desconcertados e desamparados, e muito "puxados". Puxados pelos catequizandos, com suas dúvidas e apatia, pelos pais e familiares dos catequizandos, que não acompanham nem levam em consideração seus filhos, pelos "pares" que questionam tudo o que venha da Igreja, pela própria família, que não entende o tempo e a dedicação à catequese, pelos métodos novos e cambiantes, por outros agentes de pastoral e, também, pelos que têm alguma autoridade, cujas exigências nem sempre acompanham ou, o que é pior, impedem a tarefa...

Os catequistas vão sentir-se particularmente ultrapassados pelas demandas das novas gerações de crianças e jovens desta época de pós-modernidade. A crise geral na transmissão e na mudança de época vão provocar em muitos catequistas uma sensação de desamparo, de falta de rumo, de insegurança, de instabilidade, de não saber, ou não atinar, fazer frente a essas novas situações que vão apresentando-se na tarefa diária da catequese.

Diante dessa falta de rumo e de seguranças, muitos catequistas poderão cair facilmente no desânimo ou, diretamente, na tentação de abandonar a catequese. É provável que ser catequista se transforme numa das tarefas mais difíceis ou árduas da pastoral futura. Diante de tanta mudança e desconcerto, é possível que muitos não queiram continuar sendo catequistas, assustados ou incomodados com o que a catequese exige.

Por tudo isso é necessário, mais que nunca, adquirir uma atitude pastoral de atenção – afetiva e efetiva – para com os catequistas, uma atitude de acompanhamento permanente, de sustentação em sua tarefa. Junto com uma formação séria e sistemática, considero que é prioritário estabelecer redes de sustentação vital para os catequistas, criar equipes ou comunidades de catequistas cada vez mais fraternas e estáveis, com um forte e claro respaldo de toda a comunidade eclesial, em nível local e diocesano. Se isso não acontece, cada vez vai ser mais difícil conseguir catequistas competentes.

Então, torna-se indispensável reunir os catequistas em pequenas comunidades para que se apoiem mutuamente. Hoje, surge como um imperativo a necessidade de "suportá-los" (no sentido de portá-los sobre os ombros).

Se não acompanhamos pastoralmente os catequistas com novo apoio, reconhecimento (também econômico), mas sobretudo com nossa gratidão pela enorme tarefa que realizam na Igreja, corremos o risco de ficar sem catequistas.

Às vezes, não se pode dar um salário, evidentemente, mas pode-se ser criativo e fazer algum "presente comunitário" aos catequistas: um passeio para todos juntos, uma comida, uma convivência com as famílias dos catequistas, algum livro de espiritualidade ou de catequese, a possibilidade real de participar de algum curso de formação e capacitação, uma carta personalizada do bispo ou do pároco, algum presente ao terminar o ano ou outro tipo de reconhecimento (ainda que seja um simples cartão no qual se lhes expresse o agradecimento da comunidade e do pastor). Muitas vezes, esses pequenos gestos (lamentavelmente, não muito frequentes) têm um efeito balsâmico, como de uma "massagem no coração".

Para isso, é imperativo "investir" tempo, dedicar os melhores recursos e esforços para que não se sintam sós, para que se sintam comunidade e acompanhados de perto por seus pastores. Será preciso procurar novas e criativas formas para reuni-los, lugares para a festa em comum, a alegria fraterna e apoio mútuo. Será preciso expressar-lhes – pessoal e comunitariamente – quão importante é sua tarefa para a Igreja. Contudo, acima de todas as coisas, os catequistas necessitam ser escutados, tidos em conta na hora de tomar decisões e aventurar-se em novos projetos pastorais. De uma maneira ou outra, os catequistas necessitam sentir-se "mimados" por seus pastores, pelos responsáveis pastorais e coordenadores, definitivamente pela Igreja.

Certamente que, além da atenção afetiva e efetiva dos catequistas, uma questão essencial é oferecer aos catequistas uma formação séria e dedicada, para que possam enfrentar as exigências que nos faz o novo paradigma na catequese.

> "Queremos felicitar e incentivar a tantos discípulos e missionários de Jesus Cristo que, com sua presença ética coerente, continuam semeando os valores evangélicos nos ambientes onde tradicionalmente se faz cultura e nos novos areópagos... Evangelizar a cultura, longe de abandonar a opção preferencial pelos pobres e pelo compromisso com a realidade, nasce do amor apaixonado por Cristo, que acompanha o Povo de Deus na missão de inculturar o Evangelho na história, ardente e infatigável em sua caridade samaritana."
>
> *Documento de Aparecida, 491*

A FORMAÇÃO PARA O NOVO PARADIGMA

"Por isso, a verdadeira formação alimenta, antes de tudo, a espiritualidade do próprio catequista, de modo que sua ação brote, de verdade, do testemunho de sua vida. Cada tema catequético que se comunica deve nutrir em primeiro lugar a fé do próprio catequista. Em verdade, um catequiza os outros catequizando-se antes a si mesmo.

Em consequência, a pastoral catequética diocesana deve dar absoluta prioridade à formação dos catequistas leigos... A formação dos catequistas leigos não pode ignorar o caráter próprio do leigo na Igreja e não deve ser concebida como mera síntese da formação própria dos sacerdotes ou dos religiosos... Juntamente e como elemento realmente decisivo, dever-se-á cuidar ao máximo da formação catequética dos presbíteros, tanto nos planos de estudo dos seminários como na formação permanente..."

Diretório Geral para a Catequese, 234-239

Temos de reconhecer que qualquer atividade pastoral que não conte para sua realização com pessoas verdadeiramente formadas e preparadas põe em perigo sua qualidade. E quando se fala de formação de catequistas, temos de determinar bem a finalidade da formação. Como critério geral é preciso dizer que deve existir uma coerência entre pedagogia global da formação do catequista e a pedagogia própria de um processo catequístico. Ao catequista seria muito difícil improvisar em sua ação catequística um estilo e uma sensibilidade que não tivessem sido iniciados durante sua formação. Mais que nunca, nestes tempos, é preciso instaurar um estilo catecumenal na formação de catequistas e agentes de pastoral (incluídos os seminaristas, sacerdotes e religiosos).

A formação para o novo paradigma implica, sim, uma formação orgânica em e de conjunto dos agentes pastorais. É imprescindível que os agentes multiplicadores e tomadores de decisões eclesiais, bispos, párocos, sacerdotes, religiosos e religiosas, seminaristas, coordenadores de catequese e pastoral, animadores de grupos, instituições intermédias, MCS, editoriais, escritores, representantes e procuradores legais, administradores pastorais etc. se formem conjuntamente para criar as condições, o húmus para que o novo paradigma fecunde. Toda inversão na formação dos catequistas e agentes pastorais é pouca, mas se não se realiza de maneira conjunta e articulada, pode resultar estéril.

"Requer-se que todos os leigos se sintam corresponsáveis na formação dos discípulos e na missão... A integração de todos eles na unidade de um único projeto evangelizador é essencial para assegurar uma comunhão missionária. A vocação e o compromisso de ser hoje discípulos de Jesus Cristo requerem clara e decidida opção pela formação dos membros de nossas comunidades, a favor de todos os batizados, qualquer que seja a função que desenvolvem na Igreja... Seu estilo se torna emblemático para os formadores e adquire especial relevância quando pensamos na paciente tarefa formativa que a Igreja deve empreender no novo contexto sociocultural da América Latina."

Documento de Aparecida, 202 e 276

Conclusão

"Este centrar-nos em Cristo paradoxalmente tem que nos descentralizar. Porque onde há verdadeira vida em Cristo, há saída em nome de Cristo. Isto é autenticamente recomeçar em Cristo? É reconhecer-nos chamados por Ele a estar com Ele, a ser seus discípulos, mas para experimentar a graça do envio, para sair a anunciar, para ir ao encontro do outro (cf. Mc 3,14)... Recomeçar a partir de Cristo é ter em todo momento a experiência de que Ele é nosso único pastor, nosso único centro. Por isso centrar-nos em Cristo significa "sair com Cristo". E assim, nossa saída para a periferia não será afastar-nos do centro, mas permanecer na vida e dar dessa maneira verdadeiro fruto em seu amor (Jo 15,4). O paradoxo cristão exige que o itinerário do coração do discípulo necessite sair para poder permanecer, mudar para poder ser fiel."

Cardeal Jorge Bergoglio, sj
Carta aos Catequistas

Este ensaio chegou ao fim, mas justamente seu merecido final é que seja aberto, que seja divergente, que provoque continuar pensando e experimentando, ensaiando e duvidando, avançando e retrocedendo, mas sempre a caminho. Nesse sentido me agradaria que este pequeno ensaio fosse – como se costuma dizer no jargão catequético – um texto mártir, um texto de abertura, um texto "cântaro", no qual toda a comunidade de catequistas possa beber e "seguir tirando ideias" para produzir novas transformações.

Obviamente, que não é questão de produzir só boas ideias. A intenção primeira ao escrever este livro não foi desenvolver um "corpo de ideias", mas, justamente o contrário, que todos possamos (à luz delas) encontrar novos rumos para nossa tarefa catequística.

Toda a reflexão catequística carece de sentido se não chega e "aterrissa" numa melhor prática catequística. Definitivamente, todo o nosso esforço cobra sentido se logramos entusiasmar outros no seguimento de Cristo, se nos transformamos em autênticos discípulos do Mestre, fazendo de nossas vidas um testemunho que leve outros a segui-lo porque vale a pena.

Obs.: Se você tem alguma contribuição, comentário, e deseja trocar experiências ou contatar para organizar algum curso ou conferência sobre algum dos temas apresentados, não duvide em escrever-me nos seguintes endereços eletrônicos:
imbenavides@arnet.com.ar
imbenavides@gmail.com

Bibliografia

BENTO XVI. *Exortação Apostólica Pós-sinodal Verbum Domini*. Exortação Apostólica sobre a Palavra de Deus na vida e na missão da Igreja. São Paulo: Paulinas, 2011, 224 p.

Catecismo da Igreja Católica. São Paulo: Edições Loyola, 2003, 960 p.

CELAM. *Conclusões da Conferência de Puebla*. Texto oficial. Evangelização no presente e no futuro da América Latina. São Paulo: Paulinas, 2009, 392 p.

CELAM. *Documento de Aparecida*. Texto conclusivo da V Conferência Geral do Episcopado Latino-Americano e do Caribe. São Paulo: Paulinas, 2011, 304 p.

Compêndio do Catecismo da Igreja Católica. São Paulo: Edições Loyola, 2005, 208 p.

Compêndio do Vaticano II. Constituições, Decretos e Declarações. Rio de Janeiro: Editora Vozes, 2000, 744 p.

Congregação para o Clero. *Diretório Geral para a Catequese*. São Paulo: Paulinas, 2009, 296 p.

CNBB. *Catequese renovada*. São Paulo: Paulinas, 2009, 104 p.

CNBB. *Diretório Nacional de Catequese*. São Paulo: Paulinas, 2011, 284 p.

JOÃO PAULO II. *Exortação Apostólica "Catechesi Tradendae"*. Disponível em: <http://www.vatican.va/holy_father/john_paul_ii/apost_exhortations/documents/hf_jp-ii_exh_16101979_catechesi-tradendae_po.html>.